Flensburg
De Deern hett snackt.
Lübeck
Hamburg
Schwerin
Dei Diern hett räd.
Strasburg
Emden
Oldenburg
Bremen
Neustadt
Dat Mäken hat esnackt.
Berlin
Dat Loit hät küert.
Hannover
Bielefeld
Münster
Kleve
Dortmund
Göttingen
Düsseldorf

REINHARD GOLTZ

Plattdeutsch

Vom Klönen und Schnacken

Dudenverlag
Berlin

Niederdeutsch – alles andere als platt

Von Dorf zu Dorf klingt Plattdeutsch ein wenig anders. Warum aber gibt es in dieser Sprache keinen Standard? Was verbindet Platt mit dem Englischen und was unterscheidet es vom Standarddeutschen? Oder: Hat Störtebeker Plattdeutsch gesprochen? Was hat die Hanse mit Platt zu tun und wie viele Menschen sprechen eigentlich Platt?

Auf ein ganzes Bündel solcher Fragen suchen die 48 Kapitel dieses Buches Antworten. Vorweg aber sei auf das Miteinander der drei Begriffe »Niederdeutsch«, »Plattdeutsch« und »Platt« hingewiesen. Alle drei bezeichnen die Sprachform, die im nördlichen Drittel Deutschlands gesprochen (und geschrieben) wird. Die Wissenschaft bevorzugt »Niederdeutsch«, während die Bevölkerung von »Plattdeutsch« oder »Platt« spricht.

Vor 300 Jahren wurde Niederdeutsch für überflüssig erklärt, vor 200 Jahren wollte man es als Hemmnis jeder Bildung ausrotten, vor 70 Jahren schien Platt auszuklingen, zumal die Eltern die Sprache nicht mehr an die Kinder weitergaben. Und heute erkennen wir große Anstrengungen, den plattdeutschen Spracherwerb in Kitas und Schulen zu fördern.

Plattdeutsch zählt zu den bedrohten Sprachen. Es ist eine flüchtige Gebrauchssprache, die man auch in weiten Teilen Norddeutschlands nur vom Hörensagen kennt, es ist Familiensprache, Sprache der Nostalgie und Erinnerung, Großmuttersprache, Alltagssprache, Sprache der Nähe, Kindheitssprache, Literatursprache, Werbemittel, Sprache der Randständigen und Abgehängten, Sprache mit großer Vergangenheit, Handwerkersprache, Sprache der regionalen Identität.

Völlig zu Recht befand Kurt Tucholsky in »Schloß Gripsholm«: »Das Plattdeutsche kann alles sein: zart und grob, humorvoll und herzlich, klar und nüchtern und vor allem, wenn man will, herrlich besoffen.« Mit seinem Stichwort »herrlich besoffen« hat er dabei ganz besonders die kreativen, die persönlichen, die nicht amtlichen oder sonstwie staatlich reglementierten Sprechweisen gefeiert, die den Reiz des Plattdeutschen bis heute ausmachen.

Berlin, im Januar 2022

Reinhard Goltz

Altsächsisch

A

Thou bigan thes uuedares craft,
ust up stigan, uthiun uuahsan,
suang gisuerc an gimang: thie seu uuarth an hruoru,
uuan uuind endi uuater [...]

Auch geübte Sprecherinnen und Sprecher des Plattdeutschen werden kaum ein Wort dieses kurzen Bibelauszugs in der ältesten schriftlich überlieferten Form des Plattdeutschen verstehen. Fremd ist uns die Schreibung, der Satzbau irritiert und einen Großteil der Wörter können wir nicht zuordnen. Immerhin liegen gut 1250 Jahre Sprachgeschichte zwischen dem »Heliand« und dem 21. Jahrhundert.

Aber so verhält es sich auch mit dem Althochdeutschen oder dem Altenglischen: Man muss diese Sprachen schon intensiv studieren, um sie lesen und verstehen zu können. Zwei kleine Hinweise mögen uns den Zugang zu dem Auszug erleichtern, in dem beschrieben wird, wie Jesus den Sturm stillt:

- Ein *uu* ist als w zu sprechen. Der Buchstabe wird im Englischen bis heute double-u genannt, also Doppel-u; so lässt sich leicht in *uuedar* das »Wedder«, in *uuahsan* »wachsen, wassen«, in *uuarth* »ward« (wurde), in *uuind* »Wind« und in *uuater* »Water« erkennen.

ust
uthiun
suang
gimang:
thie seu
hruoru,
uuan
uuater;

- Unbetonte Silben, insbesondere die Flexionsendungen, zeigen im Altsächsischen häufig volle Vokale – wie in *stigan, uuahsan* oder *gimang*. Später wurden die Vokale zu *e* abgeschwächt (hier konkret zu *stiegen*, *wassen* und *Gemeng*) oder fielen ganz weg (aus *endi* wurde das kurze *un*).

Nun wird man sich mit diesem Rüstzeug kaum an die rund 6000 Stabreimverse heranwagen, in denen der längste altsächsische Text verfasst wurde. Der »Heliand« berichtet aus dem Leben Christi, wie es in den vier Evangelien des Neuen Testaments niedergelegt ist, als eine fortlaufende Erzählung. Nicht zufällig zeigt die Jesusfigur dabei Anklänge an einen streitbaren Stammesfürsten. Die erzieherische Intention ist nicht von der Hand zu weisen, zumal der »Heliand« in einem unmittelbaren Zusammenhang mit der Christianisierung der Sachsen zu sehen ist.

Die Überlieferung aus dem Altsächsischen beschränkt sich weitgehend auf den »Heliand« (entstanden um 850 n. Chr.), Bruchstücke der Genesis sowie kirchliche und weltliche Gebrauchsprosa und Wortlisten. Erste Textzeugen liegen aus der Zeit um 800 vor, aber nach 1080 gibt es für einen Zeitraum von 150 Jahren keine niederdeutschen Texte, die erhalten sind. Die Sprache ab 1230 wird als »Mittelniederdeutsch« bezeichnet.

Traditionell nannte man die älteste Sprachstufe des Niederdeutschen Altsächsisch – heute spricht man eher von Altniederdeutsch. Diese neuere Benennung hat zwei Vorteile: Zum einen steht die Sprachbezeichnung in keinem direkten Zusammenhang mit dem Stammesnamen der

Sachsen. Zweitens fügt sie sich besser in die historische Abfolge aus Altniederdeutsch – Mittelniederdeutsch – Neuniederdeutsch.

Übrigens: Der Eingangstext ließe sich so übersetzen: Da begann des Wetters (Unwetters) Kraft / wüst aufzusteigen, / die Wellen zu wachsen, / schwarze Wolken schwangen sich darunter, / die See geriet in Bewegung / von Wind und Wasser ...

Ausbausprache Plattdeutsch

Jährlich erscheinen in plattdeutscher Sprache rund 120 neue Bücher, dazu Filme und CDs. Zahlreiche Zeitungen in Norddeutschland drucken zudem regelmäßig plattdeutsche Texte: Beliebt sind wöchentliche Kolumnen, es gibt aber auch Seiten, die jeweils unterschiedliche journalistische Textsorten integrieren. Im öffentlich-rechtlichen Rundfunk nimmt das plattdeutsche Hörspiel als kulturelles Angebot seit Jahrzehnten einen festen Platz ein; weiterentwickelt werden unterhaltende Magazinformate; mit Nachrichtensendungen werden nicht zuletzt Informationsformate ausgestrahlt.

Die mediale Präsenz in unterschiedlichen Funktionszusammenhängen kann nur aufrechterhalten werden, wenn in den Redaktionen und bei möglichen Gesprächspartnerinnen und -partnern die erforderlichen sprachlichen Kenntnisse vorhanden sind. In seiner medialen Verwendung kann das Plattdeutsche nur bestehen, wenn es in der Lage ist, Gegenwartsthemen möglichst umfänglich abzubilden.

In Nachrichtensendungen gilt es, aktuelle Themen aus Politik, Wirtschaft, Wissenschaft, Technik oder Medizin sachgerecht darzustellen – vor allem mündlich, parallel dazu aber auch in einer schriftlichen Version für die Onlinedarstellung. Die Zahl wissenschaftlicher Abhandlungen wie auch wissenschaftlicher Prüfungsarbeiten in plattdeutscher Sprache ist zwar beschränkt, doch hat sich seit den 1990er-Jahren hier ein beachtliches Feld des sprachlichen Ausbaus etabliert.

In Ostfriesland hat eine Supermarktkette seit 2015 in einer Reihe von Geschäften die gesamte Warenbeschriftung auf Plattdeutsch umgestellt. Offenkundig wird dieses Angebot sowohl von Einheimischen als auch von Touristen positiv angenommen; zu möglichen Verständigungsproblemen liegen bisher keine Hinweise vor.

Einem sachangemessenen Sprachausbau steht allerdings eine weit verbreitete Haltung entgegen, nach der plattdeutsche Wörter für neue Gegenstände oder Sachverhalte emotional aufgeladen und möglichst humortauglich zu sein haben. Die Sachlichkeit von Alltagsgegenständen wie dem Staubsauger oder dem Fernseher wird aufgehoben, wenn eine Benennung in *Huulbessen*, *Kiekkassen* oder gar *Glotzmöhl* erfolgt.

Im Jahr 2020 entspann sich eine heftige öffentliche Diskussion um das plattdeutsche Wort für die »Mund- und Nasenbedeckung« als Schutz vor Covid-19-Ansteckungen. Allem Anschein nach hatte *Snutenpulli* mehr Befürworter als Gegner. Aber auch das zeigt: Platt ist eine vitale Sprache, deren Inventar kontinuierlich erweitert wird.

Bregen, Büx und bannig laat – Plattwortschatz

Berücksichtigt man die zweite Lautverschiebung und die neuhochdeutsche Diphthongierung, so zeigt sich, dass sich für den überwiegenden Teil des plattdeutschen Wortschatzes standardsprachliche Entsprechungen finden lassen. Identisch in der Form sind Wörter wie *Hand* oder *winken*. Die Vokalqualität unterscheidet sich leicht in *See* oder *Kohl*. Auch Wortpaare wie *Sünn* – Sonne oder *Wark* – Werk oder *finnen* – finden lassen ihren gemeinsamen Ursprung erkennen.

Bei einer Reihe anderer plattdeutscher Wörter lässt sich hingegen auf den ersten Blick keine Verwandtschaft mit einer standardsprachlichen Entsprechung ausmachen. Aus der Klasse der Substantive seien genannt: *Bregen* (Gehirn), *Büx* (Hose), *Daak* (Nebel, Dunst), *Deern* (Mädchen), *Heven* (Himmel), *Schapp* (Schrank). Für die Markierung weiblicher Formen steht nicht nur das Suffix *-in* zur Verfügung (*Fischerin, Footballspelerin, Lehrerin* usw.), sondern auch das *-sch*. Im traditionellen Wortschatz findet es sich in Bildungen wie *Kööksch* (Köchin), *Mudder Griepsch* (Hebamme), *Schoolmestersch* (Lehrerin), moderne Formen sind *Bunnskanzlersch* (Bundeskanzlerin) oder *Buernministersch* (Landwirtschaftsministerin).

Keine formverwandten Entsprechungen finden sich bei Verben wie *klönen* (plaudern), *krupen* (kriechen), *snacken* (sprechen), *töven* (warten), *trecken* (ziehen). Unter den Wortbildungsarten der Verben fallen die Zusammensetzungen aus einem Verb- und einem Substantivstamm auf; auf diese Weise entstehen ausdrucksstarke Sprachbilder: *duuknacken* (den Nacken beugen; sich unterwürfig geben), *knickögen* (mit den Augen plinkern), *nickköppen* (mit dem Kopf nicken), *schüttkoppen* (den Kopf schütteln), *weiharmen* (seitliche Bewegungen mit den Armen machen), *wippsteerten* (mit dem Hintern wippen; unruhig sein).

Unter den Adjektiven seien genannt: *füünsch* (wütend, heftig, bösartig), *gau* (schnell), *laat* (spät), *lütt* (klein), *snaaksch* (merkwürdig), *vigeliensch* (kompliziert, vertrackt). Als Steigerungsendungen kennt Platt wie das Standarddeutsche *-er* und *-est*. Zum Zwecke der inhaltlichen Verstärkung greift man aber auch gern auf bildhafte Zusammensetzungen zurück. So kennt man für die Intensivierung von *düüster* (dunkel) Formen wie *balken-*, *deep-*, *picken-*, *sticken-*, *tappen-* und schließlich *stickenbalkendüüster*.

Insbesondere unter den unveränderlichen Wörtern ist der Anteil von Formen hoch, die nicht durch den standardsprachlichen Wortschatz gestützt werden wie *achter* (hinter), *al* (schon), *bannig* (sehr), *buten* (außen, außerhalb), *dwars* (quer), *faken* (oft), *günt* (jenseits, gegenüber) und *vundaag* (heute).

Cavalir und Muschiblicks

Veel Pläseer un Amüsemang wünscht man sich auf Platt gern. Und dem Besucher ruft man zu: *Maak di dat kommodig.* Zum Abschied schließlich grüßt man *tschüss* oder *adjüs*. Dass diese Wörter auf französische Vorlagen zurückgehen, nehmen die meisten Plattsprecherinnen und -sprecher gar nicht wahr. Denn zum einen gehören sie seit Jahrhunderten zum sprachlichen Inventar und zum anderen haben diese Wörter eine plattdeutsche Lautgestalt angenommen, man denke an *Möbelmang* (gesamte Einrichtung) oder *Schangs* (Erfolgsaussicht).

Bereits im 12. und 13. Jahrhundert brachten flämische und holländische Siedler, die sich insbesondere um den Küstenschutz, den Deichbau und die Entwässerung verdient machten, französische Wörter des alltäglichen Lebens mit: *Balje* (Wanne, Bottich), *Kuffer* (Reisekoffer, Truhe), *Prevat* (separates Toilettenhäuschen), *Treute* (Gerät zum Ausdreschen des Leinsamens und Brechen des Flachses).

Spuren zeigen sich ebenfalls im Rechtswesen, etwa in *antasten* (beschlagnahmen) oder *taxeren* (abschätzen).

Wirtschaftskontakte führten bereits während der Hansezeit dazu, dass französische Lehnwörter ihren Weg ins Plattdeutsche fanden wie *leveren* (liefern) oder *Sorte* (Art der Handelsware).

Der Fernhandel des 16. Jahrhunderts brachte neue Waren, für die man häufig die fremdsprachigen Wörter aus dem Französischen oder Spanischen übernahm wie *Engver* (Ingwer), *Muschatenblome* (Muskatpflanze), *Rosine* (Rosine), *Saffran* (Safran).

Beeindruckend ist die große Zahl militärischer Wörter französischen Ursprungs, die das Plattdeutsche vor allem vom 17. bis zum 19. Jahrhundert aufnahm wie *armiren* (bewaffnen), *Cammerad* (Gefährte), *commandiren* (befehlen), *demoliren* (zerstören), *desertiren* (fahnenflüchtig werden), *Mondirung* (Dienstbekleidung), *Ordre* (Befehl).

Zur selben Zeit galt Französisch in Deutschland als Kultur- und Prestigesprache. In die Häuser der besser gestellten Kreise hielten Gegenstände wie *Canapee* (Sofa ohne Lehne), *Matraze* (Bettpolster) oder *Porcellain* (Tafelgeschirr) Einzug. Und wer etwas auf sich hielt, legte Wert auf Anreden wie *Demoiselle*, *Madam* oder *Monsieur*.

Das Wort *Monsieur* steckt auch in der Bezeichnung *Muschiblicks* oder *Muscheblitz* für einen pfiffigen, kleinen Jungen oder einen leichtfertigen, jungen Mann. Bereits im 19. Jahrhundert wurden diese Wörter häufig scherzhaft oder geringschätzig verwendet. So sagte man von einem modebewussten, jungen Mann: *Dat is Musche Nüdlich ut de Delikatessenstraat.*

Dat du mien Leevsten büst

Wenn die Plattsprecherinnen und -sprecher ihre Hymne benennen sollten, würden sie mit einiger Wahrscheinlichkeit dieses Lied auswählen. Erstaunlich ist dabei, dass wir über die Herkunft des Textes nichts wissen und auch bei der Deutung der Melodie werden zumindest zwei mögliche Quellen genannt.

Von den moralisch stilisierten Traditionslinien romantischer Volkslieder weicht der Text jedenfalls deutlich ab – immerhin bestimmt eine heimliche, nicht eheliche Liebesnacht das Geschehen. Möglicherweise erreicht das Lied seine besondere Wirkung durch die Spannung, die aus dem Zusammenspiel einer harmlos-sanften Melodie mit erotischen Vorstellungen jenseits christlich-bürgerlicher Moralität hervorgeht. Bis weit in das 19. Jahrhundert hinein galt das Lied als anrüchig. Womöglich hat der Verfasser gerade deshalb seinen Namen nicht preisgegeben – vielleicht handelt es sich aber auch um ein »Volkslied« im klassischen Sinne.

Vom Männerchor mit Inbrunst vorgetragen oder sachte von einer zarten Stimme gesäuselt – das Lied vom »Leevsten« gehört zum festen Bestand des plattdeutschen Volksliedrepertoires. Das Spektrum der populären Interpretinnen und Interpreten reicht von Lale Andersen über die Gruppe Godewind bis hin zu Hannes Wader.

Erstmals wurde der Text im Jahre 1845 abgedruckt. Vom Ende des 19. Jahrhunderts bis heute erschien das Lied in zahlreichen Sammlungen populärer Lieder.

1. Dat du mien Leevsten büst, dat du woll weeßt.
   Kumm bi de Nacht, kumm bi de Nacht, segg wo du heeßt.

   Dass du mein Liebster bist, weißt du sehr genau.
   Komm in der Nacht, komm in der Nacht, sage deinen Namen.

2. Kumm du üm Middernacht, kumm du Klock een!
   Vader slöppt, Moder slöppt, ik slaap alleen.

   Komm du um Mitternacht, komm um ein Uhr!
   Vater schläft, Mutter schläft, ich schlafe allein.

3. Klopp an de Kamerdöör, faat an de Klink!
   Vader meent, Moder meent, dat deit de Wind.

   Klopf an die Kammertür, fasse an die Klinke!
   Vater meint, Mutter meint, das macht der Wind.

4. Kummt denn de Morgenstund, kreiht de ol Hahn.
   Leevster mien Leevster mien, denn müsst du gahn!

   Kommt dann die Morgenstunde, kräht der alte Hahn.
   Liebster mein, Liebster mein, dann musst du gehen!

5. Sachen den Gang henlank, lies mit de Klink!
   Vader meent, Moder meent, dat deit de Wind.

   Sachte den Gang entlang, leise mit der Klinke!
   Vater meint, Mutter meint, das macht der Wind.

De nich will dieken … mutt wieken

Der Deich gilt vielen als ein typisches Kennzeichen des deutschen Küstenlands. Wo Wasser und Festland aufeinandertreffen, sind die Menschen der Neuzeit zunehmend darauf angewiesen, dass Besitz und Leben durch beeindruckende, grasbewachsene Bauwerke geschützt werden. Die jüngste Generation der deutschen Seedeiche erreicht eine Höhe von 8 bis 9 m über Normalnull, einige sind sogar über 10 m hoch und 100 m breit.

Deiche prägen aber nicht nur das Bild des norddeutschen Flachlands, sondern auch das Denken der Küstenbewohnerinnen und -bewohner. Denn der Hochwasserschutz genießt allerhöchste Priorität. Ein Rechtsgrundsatz gilt dabei seit alters her: *De nich will dieken, mutt wieken.* – Wer nicht will deichen, muss weichen.

In früheren Jahrhunderten waren alle Anrainer gefordert, ihrer Pflicht zur Instandhaltung der Deiche nachzukommen. Wer aber die erforderlichen Mittel für den Erhalt nicht aufbringen konnte oder wollte, dem wurde das Recht verwehrt, weiterhin an diesem Ort zu wohnen. Denn schließlich ging es nicht nur um den Schutz des Einzelnen, vielmehr war das Wohl aller bedroht, wenn der Deich in einem Abschnitt schadhaft war.

Wer trotz Ermahnung seinen Deich nicht hinreichend schützte, verlor letztlich sein Land. Als sichtbares Zeichen

steckte man einen Spaten in den entsprechenden Deichabschnitt. Das Land ging, zusammen mit allen Rechten und Pflichten, an die Person, die den Spaten herauszog.

Noch im Mittelalter waren die Mittel für einen hinreichenden Schutz beschränkt und so kam es zwischen dem 12. und dem 17. Jahrhundert etwa alle zehn Jahre zu gewaltigen Überschwemmungen. In Schleswig-Holstein nennt man die beiden größten Fluten bis heute *Grote Mandränke*: die zweite *Marcellusflut* im Jahr 1362 und die *Burchardiflut* 1634. Erst danach erhielt die heutige Küstenlinie ihre Grundkonturen.

Gesprochen aber wird nicht viel von *Stormfloot un Hoochwater* – schließlich will ja niemand das Unheil herbeireden.

Seit Menschengedenken wurden Sturmfluten immer auch als Ausdruck übernatürlicher Kräfte angesehen. Unzählige Sagen und Mythen ranken sich um heldenmutige Deichverteidigung und verheerende Überschwemmungen. Den Deich als mystischen Ort hat wohl am eindrucksvollsten Theodor Storm in seiner Novelle »Der Schimmelreiter« eingefangen. Storm hat aber nicht allein die deutsche Literatur geprägt, sondern auch auf den Bestand männlicher Vornamen Einfluss genommen. *Hauke* – so der Vorname des Deichgrafen Hauke Haien – fand über die Literatur Eingang in die deutschen Familien.

Dialekt oder Sprache?

Ist das Plattdeutsche eine eigenständige Sprache oder handelt es sich um einen Dialekt der deutschen Standardsprache? In der repräsentativen Umfrage, die das Institut für niederdeutsche Sprache im Jahr 2016 gemeinsam mit dem Institut für Deutsche Sprache durchführte, zeigte sich, dass etwa 40 % der Befragten Platt als Sprache ansahen, während 60 % Plattdeutsch als »Dialekt« oder »Mundart« klassifizierten.

Erstaunlich ist zunächst einmal, dass die meisten Menschen zu dieser Frage überhaupt eine dezidierte Meinung haben. Das Thema scheint für die in Norddeutschland lebenden Menschen jedenfalls derart wichtig zu sein, dass sie Position beziehen. Dabei bleibt allerdings unklar, nach welchen Kriterien die Menschen ihre Wahl getroffen haben. Außerdem kommt hinzu, dass hier auch eine Idee von sprachlicher Wertigkeit bzw. die Wertschätzung gegenüber dem Plattdeutschen beurteilt wurde.

Die Vorstellung, dass Plattdeutsch als »Sprache« zu werten sei, findet sich bereits bei den Spätromantikern des 19. Jahrhunderts. Einen erheblichen Aufschwung erhielt diese Position in den 1990er-Jahren, als die Diskussion um die Aufnahme des Niederdeutschen in die Europäische Charta der Regional- oder Minderheitensprachen intensiv geführt wurde, und das nicht nur in Sprachpflegezirkeln, sondern auch in den öffentlichen Medien. In dieser Auseinandersetzung wurden der kulturelle Mehrwert und die sprachstrukturelle Eigenständigkeit betont – mit der Folge, dass das sprachliche Selbstbewusstsein der Plattsprecherinnen und -sprecher erheblich gestärkt wurde. Zudem hatten viele jüngere Menschen erlebt, dass ihnen eine selbstverständliche kulturelle Fähigkeit der Großelterngeneration abhandengekommen war. Diese Verlusterfahrung ging vielfach mit einer Aufwertung des Plattdeutschen einher.

Die deutsche Sprachwissenschaft, und insbesondere die Dialektologie, ist bis heute weitgehend in ihren eigenen Traditionen gefangen. Und danach gilt Plattdeutsch als regionale Varietät des Deutschen, ähnlich wie das mitteldeutsche Pfälzisch oder das oberdeutsche Alemannisch.

Betrachtet man die sprachlichen Funktionen, die Plattdeutsch in der aktuellen Gesellschaft ausfüllt, offenbaren sich in der Tat Parallelen zu den Dialekten: Vorherrschen der Mündlichkeit, Sprachform der Nähe, eher informelle Themen usw.

Mit Blick auf die Bauelemente des Plattdeutschen zeigen sich hingegen deutliche Unterschiede gegenüber dem Hochdeutschen: systematisch andere Konsonanten- und Vokalstruktur, abweichende Wortschatzanteile und grammatikalische Muster.

Während bei den Dialekten von der lokalen Varietät bis zu standardnahen überregionalen Formen fließende Übergänge beschrieben werden können, gibt es zwischen Plattdeutsch und Hochdeutsch eine Bruchstelle – hier müssen sich die Sprecher und Sprecherinnen entscheiden, ob sie sich in der einen oder anderen Sprache bewegen wollen.

Die Umfrage 2016 hat nicht zuletzt die Dynamik bei der Zuordnung zu »Sprache« oder »Dialekt« deutlich gemacht. Im Südosten des plattdeutschen Sprachgebiets, also in Brandenburg und Sachsen-Anhalt, lag der »Dialekt«-Wert bei über 80 %. In Schleswig-Holstein und Hamburg hingegen entschied sich mehr als die Hälfte für »Sprache«. Auch die Sprachkompetenz beeinflusst die Wahl: Plattsprecherinnen und -sprecher selbst tendieren eher zur Klassifikation als »Sprache«, während diejenigen, die der Sprache nicht mächtig sind, sich eher für eine Zuordnung zu »Dialekt« aussprechen.

Symbolische Aufladungen sind kaum von der Hand zu weisen. Immerhin: Das Bekenntnis zur plattdeutschen Sprache wächst.

Diminutiv: en lütt Deern

»In großen Teilen des Niederdeutschen ist ein Diminutivsuffix nicht vorhanden.« In aller Klarheit beschreibt der »dtv-Atlas zur deutschen Sprache« die Tatsache, dass Verkleinerungsformen nur in einigen Regionen Norddeutschlands gebräuchlich sind.

Bereits im Altsächsischen finden sich nur vereinzelt Verkleinerungen, ebenso wie in den skandinavischen Sprachen und im Englischen. Zumindest für weite Teile des Westniederdeutschen gilt: Sprachliche Verkleinerungen werden durch ein vorangestelltes *lütt* ausgedrückt. Das gilt für Menschen, Tiere und Gegenstände gleichermaßen: Ein kleines Mädchen ist *en lütt Deern*, ein Hündchen ist *en lütten Hund* und ein Büchlein *en lütt Book*.

In den süddeutschen Dialekten hingegen erkennt man schnell eine regionale Verteilung der Verkleinerungsformen: Da steht das *Kindchen* neben dem *Kindl*, *Kindel*, *Kindle*, *Kindli* und dem *Kindla*.

Recht stark sind Verkleinerungen in Ostfriesland vertreten, die hier vor allem mit der Endsilbe *-(t)je* gebildet werden. Wo der Engländer seinen *five o'clock tea* zelebriert, genießt die Ostfriesin ihren *Elführtje* (wörtlich: Elf-Uhr-chen). Dann hält man sein *Prootje* (Schwätzchen) und schaltet womöglich sogar das *Mobieltje* (Mobiltelefon) aus.

Als ausgesprochen produktiv bei den Verkleinerungen erweist sich das *-ing* in Mecklenburg. Hier ist die Rede von *Mudding* oder *Mutsching*, *Vadding* oder *Varring* und *Döchting* – nur beim Sohn lautet die Form mit ausdrücklicher Zärtlichkeitsbekundung *Söhner*. Außerdem folgen hier viele Vornamen der *ing*-Bildung: Da trifft dann *Jöching* (Jochen) auf *Trining* (Trina, Katharina), *Ernsting* (Ernst) trifft sich mit *Anning* (Anna) und *Iding* (Ida) drückt *Otting* (Otto) einen *Söting* (Süßen, Kuss) auf. Trotz des großen Erkennungswertes ist dieses *-ing* eine junge Erscheinung, die erst seit dem Ende des 18. Jahrhunderts belegt ist.

Einige wenige Substantive mit Diminutiv haben sich in ganz Norddeutschland durchgesetzt wie *Döntje* oder *Döneken* für die schwankhafte Erzählung. Der *Smuttje* oder *Smuutje* ist der Schiffskoch, ein Grinsen ist ein *Grientje* oder *Grientjer* und ein Bonbon ein *Bontje*.

Diphthongierung: von Boom zu Baum

In der Zeit zwischen dem 12. und dem 16. Jahrhundert trat die letzte große Veränderung in der Lautung des Hochdeutschen ein: Aus *Boom* wurde *Baum*. Insofern ist diese Diphthongierung genannte Veränderung keine Erscheinung, die das Plattdeutsch direkt berühren würde – aber sie beschreibt einen Bereich des sprachlichen Systems, der markante Unterschiede zwischen Hoch- und Niederdeutsch aufzeigt.

Betroffen sind die alten langen Vokale *i, o/u, ö/ü* und *e*, wie sie in hochdeutschen Texten des Mittelalters üblich sind und wie sie sich auch im Niederdeutschen finden lassen. Diese Langvokale entwickelten sich zu Doppellauten (oder Diphthongen) weiter.

Weil diese Veränderungen regelhaft durchgeführt wurden, lässt sich aus einem niederdeutschen Ausdruck leicht der hochdeutsche ableiten – und umgekehrt.

- Diphthongierung: i > ei

  Dien Wien smeckt bi Maandschien lässt sich ohne große Mühe überführen in: »Dein Wein schmeckt bei Mondschein.« Erschwert wird die Lage dadurch, dass häufig auch das lange niederdeutsche *e* dem hochdeutschen *ei* entspricht wie in den Wortpaaren *Fleesch* – Fleisch und *keen* – kein.

Wer also nur schematisch Laute austauscht, kann bei seinen Übersetzungen durchaus danebenliegen. Richtig liegt, wer »Mein Schwein hat drei Beine« in *Mien Swien hett dree Been* überführt.

Hier helfen gute sprachhistorische Kenntnisse, der Blick ins Wörterbuch und intensive Sprachpraxis.

- Diphthongierung: o/u > au

  »Die Hausmaus saust aus dem Baum« entspricht also *De Huusmuus suust ut den Boom*.

  Dem hochdeutschen *au* entspricht häufig das ältere *u* – es kann aber auch ein *o* zugrunde liegen, wie das Wortpaar Baum – *Boom* zeigt.

  Einige Wörter treten regional mit einem langen *u* oder mit einem langen *o* auf. So steht für »Frau« *Fru* neben *Fro* und für »bauen« sagt man hier *buen* und dort *boen*.

  Man dürfte also annehmen, dass der Diphthong *au* nur neue Kulturwörter wie *Schlauch* ins Plattdeutsche hineingekommen ist. Doch *flau* oder *blau* zeigen, dass an einigen weiteren Stellen das niederdeutsche *au* vollkommen normal erscheint.

- Diphthongierung: ö/ü > eu/äu

  »Feuer in den Bäumen wird teuer« lässt sich überführen in *Füer in de Bööm warrt düer*.

Wer aber meint, dass die Beherrschung der lautlichen Gesetzmäßigkeiten ausreicht, um sich in Hoch- wie in Niederdeutsch gleichermaßen zu bewegen, unterschätzt all die weiteren Unterschiede, die in den jeweiligen Sprachsystemen angelegt sind.

doon

Wenn einer deiht, wat hei deiht, denn kann hei nich mihr dauhn, as hei deiht. Was der Mecklenburger Fritz Reuter in seinen »Läuschen un Rimels« formuliert, erweist sich als kondensierte Lebenserfahrung: Wenn jemand all das einsetzt, was in seiner Macht steht, kann niemand mehr von ihm erwarten.

Zunächst trägt diese Aneinanderreihung von Flexionsformen des plattdeutschen Wortes *doon* (oder mecklenburgisch *dauhn*) zur allgemeinen Verwirrung bei. Diesen Satz muss man schon zwei- oder dreimal lesen, um ihn mit Sinn zu füllen.

Gleichzeitig aber spielt Reuter hier gekonnt mit einer grammatikalischen Besonderheit des Plattdeutschen. In bestimmten Positionen lassen sich nämlich Verbformen mit *doon* umschreiben. Dieses Verfahren ist uns aus dem Englischen vertraut. Schon in der Schulgrammatik konnten wir lesen: »Der Fragesatz erfordert eine Umschreibung mit *to do*.« Wie in *Do you like it?* oder *Did you see him?*

Doch weiter trägt der Vergleich mit dem Englischen nicht. Denn im Plattdeutschen begegnet uns dieses *doon* gerade nicht in Fragen. Zudem sind *doon*-Umschreibungen hier zwar in verschiedenen Positionen grundsätzlich möglich, nicht aber zwingend erforderlich.

Im gesamten plattdeutschen Sprachraum wird die Möglichkeit genutzt, eine Betonung dadurch vorzunehmen,

dass das Verb die erste Position im Satz einnimmt und durch eine *doon*-Form herausgestellt wird:
Ich verstehe das nicht. – *Ik verstah dat nich. – Verstahn do ik dat nich.*

Am häufigsten treten plattdeutsche *doon*-Formen in Sätzen mit dem Verb an letzter Stelle auf, wie sich an folgenden Nebensätzen zeigt:
Wenn es regnet, spielen wir nicht. – *Wenn dat regent / Wenn dat regen deit, speelt wi nich.*
Der Ball, der durch die Luft fliegt, ist grün. – *De Ball, de dör de Luft flüggt / de dör de Luft flegen deit, is gröön.*

Im nördlichen plattdeutschen Sprachraum ist dieser Typ flächendeckend vertreten.

Weitgehend auf den südlichen und insbesondere den südwestlichen Sprachraum ist die Verwendung der konjunktivischen Form von *doon* zur Umschreibung der Möglichkeitsform eines Vollverbs beschränkt:
Wenn es hülfe / helfen würde, würde ich ihm das Geld geben. – *Wenn dat hölpen dä, wörr ik em dat Geld geven.*

Die Verwendung von *doon*-Umschreibungen in der spontanen Sprache ist rückläufig. Entsprechende Konstruktionen waren im Hochdeutschen des 19. Jahrhunderts durchaus üblich. Mittlerweile gelten sie in stilistischer Hinsicht als minderwertig. Und diese Wertung überträgt sich auf das Plattdeutsche – mit der Folge, dass diese Variationsmöglichkeit immer seltener genutzt wird.

Doppelte Verneinung – keen Regen nich

Wenn es die ganze Woche über nicht geregnet hat, mag man wohl sagen: *De hele Week hebbt wi keen Regen hatt.* Üblicherweise reicht das Hinzufügen der Wörter *nich* und *keen* aus, um eine positive Aussage in eine negative umzuwandelt: *Ik seh di. – Ik seh di nich. / Se hett Geld. – Se hett keen Geld.* Ähnlich können Pronomen durch *nix* ersetzt werden: *Du seggst wat. – Du seggst nix.*

Will man nun aber den beschriebenen negativen Zustand als außergewöhnlich markieren oder gar seinem Unmut Ausdruck verleihen, kann man ein weiteres Negationswort hinzufügen: *De hele Week hebbt wi* ***keen*** *Regen* ***nich*** *hatt.* Mit »überhaupt nichts« wäre zu übersetzen: *Ik bün di* ***nix nich*** *schüllig.* Und wer von der mangelnden Verlässlichkeit in der Politik überzeugt ist, ruft aus: *Dor is* ***keen*** *Verlaat op* ***nix.*** Vollkommen verarmt ist, wer ***keen*** *Geld un* ***keen nix*** *mehr hett.*

Die Verneinung lässt sich schließlich auch auf den ganzen Satz beziehen: *Dat heff ik noch* ***nie*** *höört.* Die Verstärkung erfolgt durch ein Anhängen von *nich: Dat heff ik noch* ***nie nich*** *höört.* Diese Verstärkung der Verneinung wird zumeist als zusammengehörig aufgefasst, sodass sie zusammengeschrieben wird: *Du höörst mi ja nienich to!*

Die doppelte Verneinung ist ein im Plattdeutschen häufig genutztes stilistisches Mittel, wenn man seine Aussage verstärken und so den beschriebenen Sachverhalt bewerten oder emotional aufladen möchte. Bis ins 19. Jahrhundert kannte man diese Möglichkeit auch im Hochdeutschen, doch hier hat ein pseudologisch ausgerichteter Sprachunterricht solche Formen als fehlerhaft gebrandmarkt.

Negative Aussagen lassen sich im Plattdeutschen besonders intensiv durch sprachliche Bilder ausdrücken. Dafür werden häufig geringe Mengen angegeben oder nutzlose Gegenstände benannt. Wer die Wertlosigkeit einer Sache unterstreichen möchte, sagt: *Dat is nix weert. – Dat is keen beten weert. – Dat is keen Happen weert. – Dat is keen Kattensteert weert. – Dat is keen lumpige Luus weert. – Dat is keen Piep Toback weert. – Dat is keen Stippel weert. – Dat is nich een Spier weert.*

Einheitsplural: wi/ji/se maakt

E

In grammatikalischer Hinsicht zeigt das Niederdeutsche an zahlreichen Punkten eine engere Verwandtschaft mit dem Englischen als mit dem Hochdeutschen. Das ist wenig verwunderlich, da Niederdeutsch und Englisch gemeinsam mit dem Niederländischen und dem Friesischen die nordseegermanische Sprachengruppe bilden.

Bei den Pluralformen der Verben im Präsens sind im Englischen alle Endsilben weggefallen – hier wird zur Bildung lediglich der Wortstamm benötigt: *we do, we work.*

Im Kernniederdeutschen bildet ein *-t* in allen drei Personalformen die Endsilbe. Diese Gleichheit beschreibt der Begriff Einheitsplural.

Im Standarddeutschen schließlich wird differenziert: In der 1. und 3. Person Plural lautet die Endsilbe *-en*, während die 2. Person Plural auf *-t* endet.

	1. Pers. Pl.	*2. Pers. Pl.*	*3. Pers. Pl.*
Englisch	we make	you make	they make
Kernniederdeutsch	wi maak**t**	ji maak**t**	se maak**t**
Standarddeutsch	wir mach**en**	ihr mach**t**	sie mach**en**

Das hier beschriebene Muster gilt allerdings nur für das Kernniederdeutsche. Dieses wiederum lässt sich

-t
-en

weitgehend für das historische niederdeutsche Sprachgebiet beschreiben, wie es bis zum 12. Jahrhundert existierte. Es umfasst das Westniederdeutsche mit Ausnahme des westlichen und mittleren Ostfriesland in Niedersachsen sowie des Landesteils Schleswig in Schleswig-Holstein.

Durch Siedlungsbewegungen ab dem 12. Jahrhundert breitete sich das niederdeutsche Sprachgebiet aus. Die neu hinzugekommenen Regionen, in denen zuvor Friesisch und Slawisch gesprochen wurde, weisen zwar auch den Einheitsplural aus, aber hier endet er auf *-en*.

	1. Pers. Pl.	*2. Pers. Pl.*	*3. Pers. Pl.*
Kernniederdeutsch	wi maak**t**	ji maak**t**	se maak**t**
Nichtkernniederdeutsch	wi mak**en**	ji mak**en**	se mak**en**

Auf diese Weise lässt sich bis heute an einer grammatikalisch prominenten Position erkennen, ob eine Varietät des Niederdeutschen dem historischen Kern zuzuordnen ist oder nicht.

Europäische Sprachencharta

Für viele Plattsprecherinnen und -sprecher steht fest: Die Europäische Charta der Regional- oder Minderheitensprachen ist das wirksamste juristische Mittel, um die bedrohte Regionalsprache Norddeutschlands zu schützen und zu fördern. Es geht also nicht um eine Form des musealen Bestandsschutzes, sondern darum, Niederdeutsch für die Zukunft tauglich zu machen.

Mit der Unterzeichnung der Sprachencharta hat die Bundesrepublik Deutschland die niederdeutsche Sprache offiziell als Regionalsprache anerkannt. Der zugehörige Vertrag zwischen dem Europarat und dem deutschen Staat erlangte im Jahr 1999 in Deutschland Gesetzeskraft.

Mit der Sprachencharta stellt Deutschland neben der Regionalsprache Niederdeutsch auch die Minderheitensprachen Friesisch (Nordfriesisch und Saterfriesisch), Sorbisch (Niedersorbisch und Obersorbisch), Dänisch und Romanes unter Schutz. Ausdrücklich ausgeschlossen von diesem Schutz sind Dialekte als regionale Ausprägungen der Standardsprache. Politisch gesehen genießt das Niederdeutsche daher grundsätzlich einen anderen Status als etwa das Bayrische, Hessische oder Sächsische.

Weil Bildung und Kultur in Deutschland weitgehend unter die Länderhoheit fallen, hat der Bund mit den acht Bundesländern, in denen Niederdeutsch gesprochen wird,

Verträge abgeschlossen. Brandenburg, Nordrhein-Westfalen und Sachsen-Anhalt haben den allgemeinen Teil II gezeichnet, während Bremen, Hamburg, Mecklenburg-Vorpommern, Niedersachsen und Schleswig-Holstein sich zur Übernahme konkreter Verpflichtungen nach Teil III bereit erklärt haben.

Die Verpflichtungen sind diesen Sachfeldern zuzuordnen: Bildung, Justizbehörden, Verwaltungsbehörden und öffentliche Dienstleistungsbetriebe, Medien, kulturelle Tätigkeiten und Einrichtungen, wirtschaftliches und soziales Leben, grenzüberschreitender Austausch.

In einem Turnus von drei bis fünf Jahren legen die Länder nun Berichte über ihre Umsetzungsbemühungen vor, die der Bund zu einem Staatenbericht bündelt und dem Europarat vorlegt. Dieser überprüft dann die Fortschritte bei der Umsetzung und teilt Deutschland seine Beobachtungen mit.

Was hier recht staatspolitisch-formal klingt, könnte ausgezeichnet funktionieren. Allerdings hat die Konstruktion einen Haken: Sanktionen kann der Europarat nicht verhängen. Die Sprachencharta ist ein Goodwillinstrument, das nur so lange funktioniert, wie alle Beteiligten gleiche oder zumindest ähnliche Ziele verfolgen. Ist das nicht der Fall, bleibt nicht viel mehr als Schulterzucken.

Familiennamen

Wieso heiße ich *Witt* (Weiß) – wo ich doch dunkelbraune Haare habe? Wer sich über seinen Familiennamen Aufschlüsse über die Herkunft, das Aussehen oder den sozialen Stand seiner Vorfahren erhofft, wird nur selten fündig. Denn seit dem Jahr 1000 gingen die Verwaltungen in Deutschland dazu über, neben dem Rufnamen auch einen Beinamen zu notieren. In den Städten war dieses Verfahren um 1350 nahezu vollständig abgeschlossen.

Auf Norddeutschland verweisen dabei Landschafts-, Städte oder Stammesbezeichnungen wie *Saß, Frese, Holsten, Westphal, Lüneburg, Hamburger, Heyde* oder *Schloo*.

Viele Namen treten – ganz abgesehen von unterschiedlichen Schreibungen – in plattdeutschem und hochdeutschem Sprachgewand auf. Die Abweichungen sind zumeist auf die systematischen Unterschiede und dabei insbesondere auf Erscheinungen der Lautverschiebung und der Diphthongierung zurückzuführen. Unter den Namen, die auf Berufe oder Funktionen zurückgehen, finden sich diese Paare:

Harder – Hirt; *Kettler* – Kessler; *Köster* – Küster; *Kröger* – Krüger; *Möller* – Müller; *Pape* – Pfaff; *Pötter* – Töpfer; *Schuldt* – Schulze.

Auch Namen, die körperliche Merkmale beschreiben, lassen sich paarweise zusammenstellen:

Bruhn – Braun; *Witt* – Weiß; *Gröhn* – Grün; *Groth* – Groß; *Kruse* – Krause; *Lüthje* – Klein.

Bruhn

Möller

Schmidt

Auf die Herkunftslandschaft verweisen etwa: *Bargfeld* – Bergfeld; *Eyckhoff* – Eichhof; *Hoffmann* – Hofmann; *Husmann* – Hausmann; *Wienbarg* – Weinberg; *Woldmann* – Waldmann.

In einigen Fällen erlaubt die wortgeografische Verteilung im deutschen Sprachraum eine klare Zuordnung zum Norden bzw. Süden. So steht nördliches *Stellmaker* bzw. *Stellmacher* gegen südliches Wagner. Und das nördliche *Düster(loh)* steht gegen das südliche Finster(holz).

In anderen Fällen dürften sich kaum hochdeutsche Varianten für niederdeutsche Namen finden lassen, hierher gehören *Bovenschulte, Burhoop, Dahlke, Diekmeyer* oder *Küppersbusch*.

Weil die Familiennamen einen Stand dokumentieren, der 800 bis 1000 Jahre zurückreicht, fällt im konkreten Fall die Zuordnung nicht eindeutig aus. So verweist der Familienname *Beck* in Süddeutschland auf den Beruf des Bäckers. Im Norden allerdings bezeichnet *Beck* einen Bach, sodass der Familienname die Beschaffenheit des Lebensraumes aufnimmt. Hier bedeutet *Beck* – geschrieben mit einem Dehnungs-c: derjenige, der am Bach wohnt.

Geiht, sleit, steiht und deit

Geiht se oder steiht se? So lautet die entscheidende Frage bei der Bremer Eiswette, die seit 1929 jeweils am 6. Januar öffentlich zelebriert wird. Und weil die Veranstaltung am Osterdeich stattfindet, liegt es nahe, dass der Zustand der Weser erfragt wird: Geht sie oder steht sie – fließt sie oder ist sie zugefroren?

Bei starken Verben wird die Bildung der 2. und 3. Person im Präsens von Veränderungen des Stammvokals begleitet. Hier einige frequente Beispiele:

	1. Pers. Sg.	*2. Pers. Sg.*	*3. Pers. Sg.*
blieven	ik bliev	du bliffst	dat blifft
eten	ik eet	du ittst	he itt
flegen	ik fleeg	du flüggst	se flüggt
kamen	ik kaam	du kümmst	dat kümmt
lopen	ik loop	du löppst	se löppt

	1. Pers. Pl.	*2. Pers. Pl.*	*3. Pers. Pl.*
blieven	wi blievt	ji blievt	se blievt
eten	wi eet	ji eet	se eet
flegen	wi fleegt	ji fleegt	se fleegt
kamen	wi kaamt	ji kaamt	se kaamt
lopen	wi loopt	ji loopt	se loopt

Wenn man einen Vergleich mit dem Standarddeutschen anstellt, lässt sich die gleiche Erscheinung erkennen, heißt es hier doch: essen – du isst; laufen – du läufst.

Eine Sonderstellung nehmen die vier Wurzelverben *gahn* (gehen), *stahn* (stehen), *doon* (tun) sowie *slaan* (schlagen) ein. Denn hier wird der betreffende Vokal zu *ei* umgeformt. Entsprechend lauten die Formen hier:

	1. Pers. Sg.	*2. Pers. Sg.*	*3. Pers. Sg.*
gahn	ik gah	du geihst	dat geiht
stahn	ik stah	du steihst	he steiht
doon	ik do	du deist	se deit
slaan	ik sla	du sleist	dat sleit

	1. Pers. Pl.	*2. Pers. Pl.*	*3. Pers. Pl.*
gahn	wi gaht	ji gaht	se gaht
stahn	wi staht	ji staht	se staht
doon	wi doot	ji doot	se doot
slaan	wi slaat	ji slaat	se slaat

Selbstverständlich findet sich das *ei* auch bei solchen schwachen Verben, die ohnehin mit *-ei-* gebildet werden, wie *weihen* (wehen), *dreihen* (drehen) oder *kreihen* (krähen).

Noch in den 1980er-Jahren konnte bei der Bremer Eiswette zweimal festgestellt werden: *Se steiht.*

Genitiv

Immer wieder kann man hören: Das Plattdeutsche kennt keinen Genitiv. Diese Aussage ist so nicht richtig. Denn auf Plattdeutsch lässt sich sehr wohl ein Verhältnis ausdrücken, wie es in »das Haus der Schwester« formuliert ist. Allerdings drückt diese Relation keine feste Konstruktion aus Artikelwort + Substantiv aus, deshalb bleibt diese Position in grammatikalischen Darstellungen unausgefüllt. Als Ersatzformen für den Genitiv dienen Konstruktionen mit Possessivpronomen *(de Süster ehr Huus)* oder Attribut *(dat Huus vun de Süster)*.

Zunächst scheint es angebracht, das niederdeutsche Kasussystem in seinen Grundzügen vorzustellen. Dabei sprechen wir nur überregionale und allgemeine Erscheinungen an, wohl wissend, dass die Sprachlandschaft wesentlich differenzierter gestaltet ist.

	m.	f.	n.
Nom.: **der** / **die** / **das**	***de*** *Jung*	***de*** *Fru*	***dat*** *Kind*
Gen.: **des** / **der** / **des**			
Dat.: **dem** / **der** / **dem**	***den*** *Jung*	***de*** *Fru*	***dat*** *Kind*
Akk.: **den** / **die** / **das**	***den*** *Jung*	***de*** *Fru*	***dat*** *Kind*

Zur Ausdifferenzierung der Formen im Singular dienen im Standarddeutschen sechs Artikelformen *(der, des, dem, den, die, das)* – im Niederdeutschen sind es mit *de, den* und *dat* nur drei, während sich im Englischen allein *the* findet.

Die im Standarddeutschen markierte Genitivposition bleibt im Niederdeutschen unbesetzt. Die Dativ- und Akkusativpositionen für die einzelnen Genera sind jeweils mit derselben Form besetzt. Da die drei Genera

(Maskulinum, Femininum, Neutrum) unterschiedliche Possessivpronomen aufweisen, ergeben sich Konstruktionen, die vom Genus abhängig sind:

	m.	f.	n.
das Buch des Jungen	*den Jung* ***sien*** *Book*		
das Buch der Frau		*de Fru* ***ehr*** *Book*	
das Buch des Kindes			*dat Kind* ***sien*** *Book*

Möglich sind in allen Fällen Attributkonstruktionen, bestehend aus Substantiv A im Nominativ + *vun* + Substantiv B im Dativ: *dat Book vun den Jung, dat Book vun de Fru, dat Book vun dat Kind.*

Eine dritte Möglichkeit ergibt sich bei Personen- und Tiernamen, denn hier lässt sich die Abhängigkeit durch ein *-s* anzeigen: *Pauls Ball, Helgas Huus, Bellos Knaken.*

Reste eines alten Genitivs *(des)* finden sich im Niederdeutschen lediglich in Zeitadverbien wie *smorgens* (am Morgen, morgens), *smiddags, savends* oder *snachts*.

Hanse

Nicht ohne Stolz weisen sich heute sieben deutsche Städte über ein vorangestelltes H im Autokennzeichen als Hansestädte aus: HB (Bremen), HGW (Greifswald), HH (Hamburg), HL (Lübeck), HRO (Rostock), HST (Stralsund) und HWI (Wismar).

Die Blütezeit des Niederdeutschen wird häufig mit der Hansezeit gleichgesetzt. Zwischen 1250 und 1600 stellte die Hanse für den Nord- und Ostseeraum eine starke wirtschaftliche und politische Macht dar. Von der Metropole Lübeck aus verbreitete sich etwa die Backsteingotik von Brügge bis Riga. Von den deutschen Küsten bis Westfalen war Niederdeutsch die Sprache für alle Lebensbereiche, und zwar sowohl mündlich als auch schriftlich – mit einer Ausnahme: Die Kirche hielt am Latein fest. Rechtstexte wurden notwendig, um den wachsenden Städten mit ihren selbstbewussten Bürgern und Kaufleuten einen Orientierungsrahmen zu geben.

Die Hanse war im Kern ein reiner Wirtschaftsverband. Im Ursprung handelte es sich um Fahrgemeinschaften von Kaufleuten für einzelne Handelsreisen. Mit der Zeit richtete die Hanse *Kontore* in zahlreichen Handelsstädten ein, sodass die Kaufleute dort verlässliche Anlaufpunkte hatten. So entwickelte sich zwischen Flandern, England, Norwegen, Gotland und Russland ein Netz aus annähernd 200 Städten, die sich auf Gegenseitigkeit besondere Handelskonditionen einräumten.

Versammlungen, *dagevarten* genannt, auf denen die großen Linien der Politik, aber auch die internen Regeln besprochen wurden, hielt man seit 1356 ab. Für ihre Mitgliedschaft mussten die Städte einen Obolus entrichten, je nach Interessenslage konnten sie sich aber auch fernhalten oder ausgeschlossen werden. Bremen ist allein viermal der Hanse beigetreten.

Zentral für den hansischen Fernhandel über See war der Schiffstyp der *Kogge*: 20 bis 30 m lange und 6 bis 8 m breite Einmaster mit Rahsegel, die mit kleiner Besatzung viel Fracht transportieren konnten. Außerdem waren sie flachwassertauglich und in engen Hafengewässern gut manövrierfähig. Nur für das Kreuzen bei Gegenwind erwiesen sich die Koggen als recht ungelenk.

Auch heute noch erwecken zahlreiche Namen Vorstellungen von Traditionslinien, die Regionalität mit der Verlässlichkeit des ehrbaren Kaufmanns verbinden. Einige Beispiele aus der umfangreichen Produkt- und Dienstleistungspalette, Bier, Pflaster, Kartoffeln, Kekse, führen in ihrem Namen die Bestandteile *Hansa, Hanse* oder *Hanseat*. Dasselbe gilt aber auch für eine Versicherungs- und eine Filmproduktionsgesellschaft, Sportvereine oder einen Freizeitpark. Und die größte deutsche Fluglinie firmiert bekanntlich unter dem Namen *Lufthansa*.

Ilsebill

»Mandje! Mandje! Timpe Te!
Buttje! Buttje in de See!
Mine Fru, de Ilsebill,
Will nich so, as ick wol will.«

Diese Beschwörungsverse gehören fest zum deutschen Märcheninventar. Schon im ersten Teil der ersten Auflage der »Kinder- und Hausmärchen« der Brüder Grimm aus dem Jahr 1812 war »Vun den Fischer un siine Fru« als Nummer 19 verzeichnet. Insgesamt waren es letztlich knapp zwanzig niederdeutsche Märchenversionen, die Wilhelm und Jacob Grimm in ihrer Sammlung abdruckten.

Das Märchen vom Butt, der über Zauberkräfte verfügt, vom Fischer und von dessen unersättlicher Frau hatte ursprünglich Philipp Otto Runge im pommerschen Platt seiner Kindheit aufgezeichnet. Der Künstler, der gemeinsam mit Caspar David Friedrich zu den bedeutendsten Malern der deutschen Frühromantik zählt, hatte es 1806 gemeinsam mit »Van den Machandelboom« an einen Verleger geschickt. Wenige Jahre später erschienen beide Märchen in der Sammlung der Brüder Grimm. Das *Machandelboom*-Märchen, in der Urfassung der Kinder- und Hausmärchen als Nummer 47 geführt, stiftet nicht selten Verwirrung, weil keineswegs ein Mandelbaum gemeint ist, sondern ein Wacholderbaum.

Nicht ohne Grund gilt das 19. Jahrhundert in der Nachfolge der Romantik als »das Jahrhundert der Sammler«. Aus verschiedenen Regionen trug man Sagen, Legenden, Schwänke und Märchen zusammen, darunter auch viele Hundert in niederdeutscher Sprache. In Mecklenburg war es Richard Wossidlo, der dem Verhältnis zwischen dem Forscher und der Gewährsperson besondere Aufmerksamkeit widmete und damit die Methoden der modernen Feldforschung schärfte.

Der Holsteiner Wilhelm Wisser, Gymnasiallehrer wie Wossidlo, galt landläufig als Märchenprofessor. Eine Inschrift an dem Haus, in dem er während seiner Eutiner Zeit lebte, weist darauf hin: *In dit Huus hett de Märchenprofesser Wilhelm Wisser waant as he v. 1887 bet 1902 in Eutin Schoolmeister an de hoge School weer.*

Auch wenn die Tradition des mündlichen Erzählens weitgehend der Vergangenheit angehört, reißt die Reihe niederdeutscher Übersetzungen von Grimm'schen Märchen bis heute nicht ab.

Junge, wiste 'ne Beer?

Wer kennt sie nicht – die freundlichen plattdeutschen Worte, mit denen sich der alte Herr von Ribbeck auf Ribbeck im Havelland an die Schulkinder wendet, um ihnen eine Frucht seines Birnenbaums anzubieten? Die ganz besondere Atmosphäre erzeugt der Dichter nicht zuletzt dadurch, dass er den Jungen und das Mädchen auf bodenständigem Platt anspricht. Gemeinsamkeit wird hier nicht nur über eine Essensgabe hergestellt, sondern in besonderem Maße auch über die Sprachform, die offensichtlich Grenzen des Alters und der sozialen Zugehörigkeit zu überwinden vermag.

Das märkische Platt sprechen in dieser Ballade die Personen, während als Erzählsprache die Standardsprache dient. So heißt es vom alten Ribbeck:

»Und kam in Pantinen ein Junge daher,
So rief er: ›Junge, wiste 'ne Beer?‹
Und kam ein Mädel, so rief er: ›Lütt Dirn,
Kumm man röwer, ick hebb 'ne Birn.‹«

Erst nach dem Tod des Alten wird den Kindern die Kraft dieser Zwiesprache bewusst; hilflos beklagen sie den Verlust: »He is dod nu. Wer giwt uns nu 'ne Beer?«

Letztlich ist es der über dem Grab wachsende Birnbaum, in dem der Geist des Alten fortlebt und der den alten Zustand wiederherstellt:

»Und kommt ein Jung' übern Kirchhof her,
So flüstert's im Baume: ›Wist 'ne Beer?‹
Und kommt ein Mädel, so flüstert's: ›Lütt Dirn,
Kumm man röwer, ick gew di 'ne Birn.‹«

Fontane richtet einen skeptischen Blick in die Zukunft. Denn der junge von Ribbeck lässt jede Großherzigkeit vermissen und Plattdeutsch spricht er auch nicht. Angedeutet sind in diesem Gedicht aus dem Jahr 1889 gesellschaftliche Umbrüche, die in vergleichbarer Konstellation Thomas Mann nur elf Jahre später in seinem Roman »Die Buddenbrooks« aufnimmt.

Die schmale Traditionslinie niederdeutscher Anteile in standardsprachlich erzählten Texten reicht von Theodor Fontane und Thomas Mann über Uwe Johnson bis hin zu Dörte Hansen. Zumeist sind es soziale Milieus oder in die Kindheit weisende Erinnerungshorizonte, die hier sprachlich markiert sind.

Theodor Fontanes Gedicht jedenfalls findet bis zum heutigen Tag international ein großes Echo und so verwundert es wenig, dass sich wahre Touristenströme in den kleinen Ort im Brandenburgischen ergießen – und das alles nur wegen eines Stücks Poesie.

Kirche

Luther hatte es zu seinem Prinzip gemacht, die Volkssprache als Medium für die Vermittlung des christlichen Glaubens zu verwenden. In der Zeit der Reformation wusste man daher sehr genau, dass norddeutsche Menschen nicht auf Hochdeutsch, sondern auf Platt anzusprechen wären.

Dennoch ist es erstaunlich, dass die von Johannes Bugenhagen verantwortete Vollbibel in den Jahren 1533/34 und damit noch vor der ersten vollständigen Lutherbibel erschien. Letztlich aber setzten sich auch in Norddeutschland die Lutherbibel und das Hochdeutsche als Kirchensprache durch.

Insbesondere aber zur unmittelbaren Ansprache an die Gemeinde griffen Prediger in den folgenden Jahrhunderten immer wieder auf Platt zurück. Berühmt für ihre Unverblümtheit sind vor allem die in Calenberger Platt veröffentlichten Predigten des Jobst Sackmann aus der Zeit um 1700.

Plattdüütsch in de Kark – dieser Titel wurde in den 1960er-Jahren gleichermaßen zum Motto wie zu einer Kernforderung. In Zirkeln entwickelten Theologen

Andachtsbücher *(Dissen Dag un all de Daag)* und Gebetssammlungen *(Hör mi du fromme Gott)*, Liederbücher *(Dor kummt een Schipp)*. Bibeltexte wurden überarbeitet oder neu herausgegeben.

Grundsätzlich nahm man für sich in Anspruch, dass Plattdeutsch alle kirchlichen Bereiche durchdringen und sich nicht auf die Seelsorge und die gelegentliche Predigt beschränken sollte. In der praktischen Gemeindearbeit hat Niederdeutsch bis heute seine wichtigsten Anwendungsfelder: Beim Geburtstagsfest oder beim Trauergespräch, beim Traugespräch, während einer Freizeitaktivität oder bei der Sterbebegleitung legen es die plattdeutschen Geistlichen darauf an, die Zugänge zu den Menschen mit ihrer spezifischen sprachlichen Verortung zu erleichtern.

Für Netzwerkbildungen, inhaltliche Orientierungen wie auch für die Motivation der Beteiligten spielte die Zeitschrift für plattdeutsche Gemeindearbeit *De Kennung* eine zentrale Rolle. 1978 erschien das erste Heft, herausgegeben vom Arbeitskreis »Plattdeutsch und Kirche«: *Een Kennung willt wi geben, von't plattdüütsch Karkenleben; een Kennung willt wi doon, de Spraakgemeen to boon.* Mit dem 42. Jahrgang wurde dieses Organ 2019 eingestellt.

Mediale Kirchenarbeit hat sich über Jahrzehnte zu einer konstanten Größe entwickelt. Seit 1953 strahlt der NDR regelmäßig Rundfunkandachten aus: *Mien leeve Tohörer.*

Plattdeutsche Gottesdienste sind in der Regel besser besucht als standardsprachliche. Dies dürfte auch mit den Vorstellungen zusammenhängen, die viele Menschen vom Plattdeutschen haben – als Sprache der Nähe und des Vertrauens.

Lautverschiebung: von p zu pf

In einer populären Einführung in die deutschen Dialekte, zu denen hier auch das Plattdeutsche gezählt wird, heißt es lapidar: »Das Plattdüütsche zu erlernen ist auch gar nicht so schwer, wie es zunächst scheint. Denn die plattdeutsche Sprache hat einfach die zweite Lautverschiebung nicht mitgemacht. Kennt man die Regeln dieser Verschiebung, müssen diese einfach nur andersherum angewendet werden – und schon hat man den richtigen plattdeutschen Ausdruck.«

Wenn es doch nur so einfach wäre! Aber zweifellos richtig ist, dass die zweite (oder hochdeutsche) Lautverschiebung bei den Konsonanten den markantesten Unterschied zwischen Hoch und Platt markiert. Zwischen dem 6. und dem 9. Jahrhundert, also im Laufe der Völkerwanderung, verschoben sich im Hochdeutschen die alten *p*, *t* und *k* zu *pf/f/ff*, *z/tz*, *s/ss* und *ch*. Der Konsonantenstand im Plattdeutschen blieb hingegen unverändert.

Darüber, was diese lautlichen Veränderungen ausgelöst haben könnte, kann bisher nur spekuliert werden. In der Konsequenz allerdings ähneln viele plattdeutsche Wörter mehr ihren englischen Entsprechungen als den hochdeutschen.

1. Verschiebung: p > pf, f/ff

Peerd – Pferd *lopen* – laufen *Aap* – Affe

2. Verschiebung: t > z/tz, s/ss

teihn – zehn *eten* – essen *Katt* – Katze

Bei neueren Kulturwörtern wird oftmals die hochdeutsche Lautung ins Plattdeutsche übernommen, etwa in *Zigarett* oder *Zylinner*. Das anlautende z-, das eigentlich gar nicht dem plattdeutschen Inventar angehört, kann auch zu einem stimmlosen s- umgelautet werden, sodass Formen wie *Sigarett* oder *Sylinner* entstehen. Als eindeutig hyperkorrekt ist *Tocker* für Zucker anzusehen.

3. Verschiebung: k > ch

maken – machen *Lock* – Loch

Diese Verschiebung wurde im Hochdeutschen nur im Wortinneren und am Wortende durchgeführt. Nur in der Schweiz, im Hoch- und Höchstalemannischen wurden die alten *k-* auch am Wortanfang zu *ch-* verschoben, wie in *Chind* – Kind oder *Chüchli* – Küchlein.
Nicht regelmäßig und regional beschränkt wurden zwei weitere Konsonantenverschiebungen durchgeführt, die erst im 8. und 9. Jahrhundert und somit mit dem Ende der Völkerwanderung verzeichnet wurden: d – t (*Dag* – Tag) und v – b (*leev* – lieb).

Mir und mich

»Das mir und mich verwechsle ich nicht, das kommt bei mich nicht vor. Mein Bruder, der steht hinter mich und sagt mich alles vor.« Wer mit dem Plattdeutschen als Erstsprache aufgewachsen ist, hat mit der richtigen Zuordnung von Dativ und Akkusativ seine Mühe. Der Grund dafür ist denkbar einfach: Im Niederdeutschen sind die Formen für den dritten und den vierten Fall identisch.

Nominativ	Verb	Dativ	Akkusativ
Elke	*gifft*	***den** Jung*	***den** Ball*
Elke	gibt	**dem** Jungen	**den** Ball
Svenja	*gifft*	***de** Katt*	***de** Melk*
Svenja	gibt	**der** Katze	**die** Milch
Franka	*gifft*	***dat** Kind*	***dat** Book*
Franka	gibt	**dem** Kind	**das** Buch

Noch im mittelalterlichen Plattdeutsch lassen sich die Formen für Dativ und Akkusativ im Singular differenzieren; so stehen hier *dage, gaste* und *worde* im Dativ, während *dach, gast* und *wort* im Akkusativ stehen. Seither gibt es eine deutliche Tendenz des plattdeutschen Kasussystems zur Vereinheitlichung.

In Teilen des Westfälischen lässt sich diese Unterscheidung bis heute erkennen: Das auslautende *-e* markiert die Dativform. Während für »die Tür« im Dativ *de Düöre* steht, verlangt der Akkusativ *de Düör*.

In anderen Regionen haben sich Relikte des alten Artikelworts *dem* für die Kennzeichnung des Dativs in Aufzählungen erhalten: *tom eersten, tom tweten, tom drüdden.*

Das Beispiel mit »mir« und »mich« zeigt, dass der Zusammenfall der Dativ- und Akkusativformen auch für die Personalpronomen gilt:

*Dat höört **mi** to.* – Das gehört **mir**. (Dativ)
*Dat freit **mi**.* – Das freut **mich**. (Akkusativ)

*Ik seh **di** dat an.* – Ich sehe es **dir** an. (Dativ)
*Ik seh **di**.* – Ich sehe **dich**. (Akkusativ)

Wie dem auch sei: Es ist allemal besser, »mir« und »mich« zu verwechseln als »mein« und »dein«.

Missingsch

»Die niederdeutsche Sprache kömt unter den gebildeten Classen immer mehr ausser Gebrauch, und sogar Kindermädchen und Ammen werden angewiesen, mit den Kindern hochdeutsch zu rothwelschen.« Was Johann Gilges Rosemann 1824 für Osnabrück notierte, beschreibt das Zusammentreffen gesellschaftlicher Schichten und der zugehörigen Sprachformen. Das Resultat ist eine Mischsprache, die hier als Rotwelsch abqualifiziert wird.

Mit dem Beginn der Industrialisierung und dem Zuzug vieler Menschen aus ländlichen Regionen in die Städte stieg die Zahl der Begegnungen von Hoch- und Niederdeutsch weiter an. *Missingsch* ist ein Ergebnis solcher gesellschaftlichen Begegnungsflächen. Wissenschaftliche Beschreibungen aus dem 19. Jahrhundert liegen allerdings kaum vor, weil diese Sprachform als »unrein« angesehen wurde.

Als literarisches Ausdrucksmittel entdeckte der Mecklenburger Fritz Reuter Missingsch in den 1850er- und 1860er-Jahren. Die wörtliche Rede seines Enspekter Bræsig gilt bis heute mit ihren grammatischen Fehlbezügen und skurrilen Wortschöpfungen als Prototyp für sprachlichen Humor.

In der Literatur erlebte Missingsch in der zweiten Hälfte des 20. Jahrhunderts eine Blütezeit, vor allem um Menschen in ihren sozialen Restriktionen bis hin zur Deformiertheit, später auch neutraler in ihrer regionalen Zuordnung, zu kennzeichnen. Als typische Umgebung dient die Hafenstadt als Schmelztiegel für sprachliche und kulturelle Begegnungen und so liegen aus Flensburg, Kiel, Hamburg und Bremen die eindrucksvollsten Zeugnisse auf Missingsch vor.

Ausgehend von der regional gesprochenen Sprache findet sich ein beachtliches Repertoire an Verkürzungen, Lautverschmelzungen und grammatischen Erweiterungen. Hier eine kleine Auswahl, ausgerichtet an dem Motto »Schreibe, wie du sprichst«:

- *das spehte Mehtchen*: An den Küsten kennt man kein langes *ä*, sondern nur das lange *e*. Und das schreibt man gern als *eh*.
- *der hahte Baht*: Ein *r* nach Vokal wird nie gesprochen – und deshalb auch nicht geschrieben.
- *mach das wech*: Ein *g* am Wortende wird immer als *ch* ausgesprochen und geschrieben.
- *da kanns mit lehm*: *b* oder *d* zwischen Vokalen haben sich aufgelöst. Typisch ist eine Entwicklungsreihe wie: *leben – lebn – lebm – leem – lehm.*
- *das giepas nich*: Mehrere Wörter können zu einem verschmelzen. Hierher gehören Wendungen wie »du hast ja / kannst ja / musst ja« – *hascha, kannscha, muscha.*
- *die auffe Tüer*: Zur hohen Kunst gehört die Verwendung von Präpositionen in der Position von Adjektiven wie in *das abbe Bein* oder *das zue Fenster*.

Ohne Frage steckt in Missingsch ein erhebliches Gestaltungspotenzial. Leserinnen und Leser sollten allerdings beherzigen: Am besten lassen sich Missingschtexte mit den Ohren lesen.

Mittelniederdeutsch

Id gheschach vp eynen pynxstedach,
Datmen de wolde vnde velde sach
Grone staen myt loff vnde gras,
Vnde mannich fogel vrolich was
Myt sange in haghen vunde op bomen

Das Tierepos »Reineke Fuchs« oder *Reynke de Vos* gehört zu den berühmtesten Texten der mittelniederdeutschen Sprache. Abgedruckt ist hier der Anfang in der Lübecker Fassung von 1498. Nach der Erfindung des Buchdrucks gehörte Lübeck zu den führenden Druckerstädten.

Mittelniederdeutsch war im Mittelalter für Norddeutschland die Sprache, die alle Lebensbereiche abdeckte, und das sowohl mündlich wie schriftlich – mit Ausnahme der lateinischen Sprache, die alle kirchlichen Bereiche bestimmte. Übermittelt sind in erster Linie Sachtexte aus dem Rechtswesen (Gesetze, Urkunden), der Verwaltung (städtische Regelungen, Hanseangelegenheiten) und dem Wirtschaftsleben (Verträge, Rechnungen).

Die Zeit des Mittelniederdeutschen reicht vom Beginn des 13. bis in die Mitte des 17. Jahrhunderts. In den Städten bildete sich eine selbstbewusste Bürger- und Kaufmannschaft heraus, die Gestaltungs- und Mitspracherechte einforderte. Allmählich konturierte sich eine arbeitsteilige Gesellschaft mit einem differenzierten Berufs- und Interessensgefüge. All diese Prozesse wurden sprachlich in der niederdeutschen Sprache abgebildet, deren Inventar zunehmend komplex wurde.

Das Mittelniederdeutsche unterlag keiner Standardisierung. Insofern bildeten sich zwar Schreibtraditionen heraus, aber die Schreibung orientierte sich zumeist an der regionalen Aussprache.

Verglichen mit dem Altsächsischen zeigt die grammatische Struktur des Mittelniederdeutschen eine weniger starke Differenzierung bei den Flexionen; viele Formen mit vormals langen Vokalen weisen jetzt unbetontes *e* auf. Ein Vergleich mit dem Neuniederdeutschen offenbart, dass bei den Substantiven der Genitiv synthetisch gebildet wird, also durch den Stamm und eine spezifische Endung. Auch lassen sich Dativ- und Akkusativformen klar voneinander unterscheiden.

Die mittelniederdeutsche Schriftlichkeit konzentriert sich auf Sachtexte, während eine Versdichtung wie »Reineke Fuchs« wegen ihrer sprachlichen Gestaltung eine Ausnahme darstellt. Eine atmosphärische Dichte vermag sogar die Übersetzung zu vermitteln:

Es geschah an einem Pfingsttag,
dass man die Wälder und Felder begrünt sah
mit Laub und Gras,
und so mancher Vogel sang fröhlich
in Hecken und auf Bäumen.

Moin

Moin seggt wi all. Moin Moin seggt blots de Sabbelbüdel. Un Moinsen, dat seggt se in't Feernsehn. Als Begrüßungsformel hat sich *Moin* in weiten Teilen Norddeutschlands durchgesetzt – und das nicht nur im Plattdeutschen, sondern auch in der regionalen Umgangssprache.

Diese Verbreitung ist erstaunlich, wenn man sich vergegenwärtigt, dass Jürgen Eichhof in seinem »Wortatlas der deutschen Umgangssprachen« (1977) auf den Impuls »Gruß beim Betreten eines Geschäftes (am Nachmittag)« hin nur fünf Einträge *Moin* in Schleswig verzeichnete, vier in Ostfriesland sowie jeweils einen in Cloppenburg und Delmenhorst.

Im Vergleich mit aktuellen Befunden lässt sich nur pauschal feststellen, dass *Moin* seine Verbreitung erheblich ausgedehnt hat. Es hat den Anschein, als wandere der *Moin*-Horizont kontinuierlich nach Süden. In ganz

Schleswig-Holstein, in der nördlichen Hälfte Niedersachsens, dazu in den Stadtstaaten Bremen und Hamburg ist *Moin* im alltäglichen Umgang zu hören. Auch aus Mecklenburg gibt es bereits vereinzelte Meldungen.

Moin entwickelt offensichtlich seine ganz eigene Erfolgsgeschichte. In den Rechtschreibduden wurde das Wort im Jahr 2006 aufgenommen, und zwar in der für deutsche Wörter ungewöhnlichen Schreibung mit *oi*. Eindeutig ist, dass der Gruß rund um die Uhr verwendet wird, dass er nicht etwa auf den Morgen beschränkt ist und mündlich wie schriftlich gebraucht wird.

Doch viele Details zur Herkunft des Wortes wie auch zum Umgang mit ihm sind ungeklärt. Lange Zeit hielt man vor allem im niedersächsischen Nordwesten daran fest, dass als Ursprungsregion nur Ostfriesland infrage käme. Hierfür sprach die Tatsache, dass im Ostfriesischen das Wort *moi* für »schön« existiert (im Niederländischen: *mooi*). Andererseits gibt es in den westgermanischen Sprachen keine Begrüßung, die auf das Adjektiv reduziert wäre. Und wie hätte das ursprünglich niederländische Wort ins nördliche Schleswig-Holstein gelangen sollen?

Offenbar transportiert *Moin* mehr als einen Gruß. Welche emotionalen Komponenten hier mitspielen, muss noch geprüft werden. Aber Wertungen und Aufladungen wie »nicht förmlich«, »wohlfühlen« und »norddeutsche Verankerung« dürften erst erklären, warum *Moin* nicht nur an Ortseingängen grüßt, sondern auch von Fußmatten und Gartenbänken.

Nachrichten

De Klock is halvig elven. De Narichten. Seit 1977 strahlt Radio Bremen einmal am Tag die Weltnachrichten *op Platt* aus – zunächst zweimal in der Woche, seit 1995 fünfmal, und zwar montags bis freitags. Der Hamburger Stadtsender des NDR nahm 1994 das Konzept der plattdeutschen Nachrichten auf, das dort anfangs nur sonnabends umgesetzt wurde; seit 1999 sind die regionalsprachlichen Nachrichten an jedem Wochentag zu hören.

Was als unterhaltsamer Spaß für eine oder zwei Sendungen gedacht gewesen sein mag, entwickelte seine ganz eigene Dynamik. Die Programmverantwortlichen dürften angesichts zahlreicher positiver Hörerrückmeldungen überrascht oder irritiert gewesen sein – was sie aber nicht davon abhielt, an dem beliebten Nachrichtenformat festzuhalten.

Der anhaltende Zuspruch für die plattdeutschen Nachrichten lässt sich nur schwer erklären, zumal er bereits in einer Zeit begann, als noch keine Welle des Wohlwollens über der Verwendung des Plattdeutschen in der Öffentlichkeit lag. Klar ist, dass sich die Sender mit dieser Maßnahme nicht nur thematisch, sondern auch sprachlich in ihrer Region platzierten.

»Die Nachrichten hören sich auf Platt längst nicht so schwer und negativ an wie die hochdeutschen.« Diese häufig geäußerte Reaktion spiegelt wohl eher das Arsenal an Erwartungen und Erfahrungen, die gegenüber dem Plattdeutschen bestehen – nämlich als angenehm, freundlich und dem überschaubaren Nahbereich zugehörig. Wird die strenge Neutralität, die zu den zentralen Merkmalen standardsprachlicher Nachrichten im öffentlich-rechtlichen Rundfunk gehört, zumindest teilweise aufgehoben, sehen viele Menschen darin offenbar einen Mehrwert.

Der besondere Reiz der plattdeutschen Nachrichten gründet sich nicht zuletzt darauf, dass ein Informationsformat in einer Sprachform ausgestaltet wird, die mit leichter Unterhaltung bzw. alltäglichen Gesprächskonstellationen assoziiert wird.

Grundsätzlich liegen den plattdeutschen Nachrichten hochdeutsche Ausgangsmeldungen zugrunde – mit allen komplexen Konstruktionen, Komprimierungen und distanzierenden Formulierungen. Die angemessene Übersetzung verlangt einen sensiblen Umgang mit abstrakten Substantivkonstruktionen, die im Plattdeutschen nach Verbkonstruktionen verlangen. Im Satzbau gilt es, verschachtelte Baupläne zugunsten überschaubarer Einheiten aufzulösen – mit der Folge, dass aus einem hochdeutschen Satz durchaus drei plattdeutsche werden können. Für die Stilmittel Konjunktiv und indirekte Rede müssen in vielen Fällen Ersatzlösungen gesucht werden. Und schließlich gilt es, der kräftigen Bildhaftigkeit des Plattdeutschen Rechnung zu tragen.

Dass mit jeder plattdeutschen Nachrichtensendung aber auch Terminologiearbeit für eine Ausbausprache zu leisten ist, steht außer Frage. Wortfelder wie Medizin, Technik, Verwaltung oder Militär sind im Plattdeutschen nur schwach besetzt; hier gilt es, für Begrifflichkeiten wie *Vogelgrippe,*

Sauerstoffverbindung, Lohnsteuererklärung oder *Flugzeugträger* verlässliche sprachliche Angebote zu schaffen.

Warum gerade die großen Stadtsender die plattdeutschen Nachrichten zu einem Identitätsmarker entwickelt haben und nicht die Flächensender, muss vorerst ein Rätsel bleiben.

Nebensätze

Der plattdeutsche Satzbau ist in besonderer Weise durch standardsprachliche Vorbilder gefährdet. Für die meisten Plattsprecherinnen und -sprecher bestimmt das Hochdeutsche den Alltag und dieses beeinflusst die sprachlichen Strukturen beim Denken wie beim Sprechen. Konflikte entstehen dadurch, dass sich standardsprachliche Nebensatzkonstruktionen oft nicht wörtlich ins Plattdeutsche übertragen lassen.

Grundsätzlich ist Plattdeutsch viel stärker durch Hauptsatzkonstruktionen geprägt als die Standardsprache: *De Sünn schient. De Kinner speelt buten.* Auch ein *un*-Anschluss ist möglich: *De Sünn schient un de Kinner speelt buten.* Das Abhängigkeitsverhältnis zwischen den jeweiligen Aussagen wird dabei oftmals nicht sprachlich ausgedrückt, vielmehr muss es über die Situation erfasst werden.

Das Problem beim Umgang mit Nebensatzkonstruktionen zeigt sich bei den Wörtern, die im Standarddeutschen Nebensätze einleiten und für die es im Plattdeutschen keine direkten Übersetzungen gibt wie *obwohl, indem, seitdem, als ob, zumal, sofern, falls.*

Der angemessene plattdeutsche Ausdruck ist dann häufig eine andere Satzkonstruktion:

Obwohl es regnet, spielen die Kinder draußen. –
Dat regent. Un de Kinner speelt buten.
Dat regent. Un doch speelt de Kinner buten.
Ok wenn dat regent: De Kinner speelt buten.

Die Kinder spielen draußen, weil die Sonne scheint. –
De Sünn scheint. De Kinner speelt buten.
De Sünn scheint un de Kinner speelt buten.
De Sünn schient un dorüm speelt de Kinner buten.
De Kinner speelt buten, wo doch de Sünn schient.

In der plattdeutschen Sprachpraxis führen hochdeutsche Nebensatzmuster häufig zu unglücklichen Konstruktionen, zu Satzabbrüchen oder zum Umschalten in die Standardsprache (dem sogenannten Codeswitching).

Nordseegermanisch

In sprachlicher Hinsicht bilden die Nordseeanrainer um die Zeit der Völkerwanderung eine Familie. Das betrifft Friesen, Sachsen, Angeln. Weil sich die Sprachen aber seitdem erheblich weiterentwickelt haben, herrscht in der Wissenschaft keine Einigkeit über die Anwendbarkeit des Begriffs »Nordseegermanisch« auf aktuelle Sprachen. Trotz aller Dynamik und Komplexität der Beziehungen lässt sich für Englisch, Friesisch und Niederdeutsch ein enger Verwandtschaftsgrad ausmachen; beim Niederländischen erkennt man zumindest ein nordseegermanisches Substrat.

An den folgenden Merkmalen werden die Gemeinsamkeiten des Niederdeutschen mit dem Friesischen und dem Englisch festgemacht:

- Vor einem Frikativ *(f, s, sch)* fällt der Nasal *(m, n, ng)* aus, dabei wird der Vokal gedehnt: germanisch *femf(e) wird zu engl. five und nd. fief (deutsch »fünf«) – germanisch *gans wird zu westfries. goes, guos, engl. goose, nd. Goos (deutsch »Gans«).
- Das *t* in der 3. Person Singular von »sein« fällt aus: germanisch *ist(i) wird zu engl. is, nd. is (deutsch »ist«).
- Das *r* im Personalpronomen der 1. Person Plural fällt aus: germanisch *wīz wird zu engl. we, nd. wi, altfries. wī, ndl. wij, we (deutsch »wir«).
- Personalpronomen haben einen anderen Wortstamm als im Deutschen: engl. he, nd. he, ndl. hij, westfries. hy,

saterfries. hie, nordfries. hi (deutsch »er«) – nd. ji, mndl. ghi, engl. you, westfries. jim, saterfries. jie, nordfries. jam (deutsch »ihr«).

- Es gilt ein Drei-Kasus-System, bei dem die Formen für Dativ und Akkusativ identisch sind.
- Die Bildung des Futurs erfolgt mit dem Hilfsverb schallen/sallen, engl. I shall, nd. und fries. ik schall/sall (deutsch »ich werde«).
- Das Partizip Perfekt wird ohne das Präfix *ge-* gebildet: engl. done, nd. daan, westfries. dien, saterfries. däin, nordfries. dänj (deutsch »getan«).
- Das *r* kann im selben Stamm vor oder nach dem Vokal auftreten (r-Metathese): engl. burn, nd. Barnsteen (»Bernstein«), westfries. baarne (deutsch »brennen«); außerdem nd. dörteihn und dörtig zu dree, nd. Born (deutsch »Brunnen«).

Ohnsorg

Zunächst gilt es, ein Missverständnis auszuräumen: Der Name des Ohnsorg-Theaters ist keineswegs programmatisch zu lesen – etwa im Sinne von: Hier ist man ohne Sorge. Richtig ist: Der Pionier des plattdeutschen Theaters in Hamburg hieß Richard Ohnsorg.

1902 gründete sich die »Dramatische Gesellschaft«, die sich vier Jahre später in »Gesellschaft für dramatische Kunst« umbenannte. Zunächst las man hochdeutsche Stücke, bald kamen erste niederdeutsche Stücke von Autoren wie Fritz Stavenhagen oder Gorch Fock hinzu, später von Paul Schurek und Hermann Boßdorf.

Das Ohnsorg-Theater ist heute eine professionelle Bühne mit volkstümlichem Image. Mit seiner Ausrichtung auf Komödien und Schwänke wirkt es stilprägend auf die Amateurtheaterszene in Norddeutschland. Dass spätestens ab 1980 Ansätze einer experimentellen Bühnenpraxis zu erkennen waren und zumindest im »Novemberstück« ernste Themen dramaturgisch aufbereitet wurden, gerät leicht in Vergessenheit, weil solche Stücke nur auf der Bühne, nicht aber im Fernsehen zu sehen waren. Hierzu gehören *Dat Speel vun Dokter Faust* (1983) in der Bearbeitung von Friedrich Hans Schaefer oder die Steinbeck-Übertragung *Vun Müüs un Minschen* (1984) durch Walter A. Kreye.

Seinen Ruf verdankt das Theater den Fernsehaufzeichnungen, die seit 1954 regelmäßig ausgestrahlt wurden. In der Zuständigkeit der Unterhaltungsabteilung des NDR

Ohnsorg
THEATER

waren der Auswahl der Stücke enge Grenzen gesetzt: Amüsiertheater mit überschaubaren Rollenkonstellationen und Konfliktpotenzial. Nur für das Fernsehen wurden die Stücke in norddeutscher Umgangssprache mit niederdeutschen Versatzstücken gespielt – wobei die Schauspielerinnen und Schauspieler selbst für die Übertragungen sorgten.

Seit 2011 residiert das Ohnsorg-Theater am Heidi-Kabel-Platz in unmittelbarer Nähe des Hamburger Hauptbahnhofs. 414 Zuschauerinnen und Zuschauer finden im Saal Platz; angegliedert ist eine Studiobühne mit bis zu 70 Plätzen, die für Vorhaben des Theaterclubs genutzt wird. Der Kinderclub bringt 8- bis 13-Jährige mit dem plattdeutschen Bühnenspiel in Kontakt; der Jugendclub wendet sich an 14- bis 18-Jährige und der Erwachsenenclub bietet der Generation 19–99 einen kulturellen Gestaltungsort. Man darf festhalten: Das Ohnsorg-Theater praktiziert weit mehr als Tratsch im Treppenhaus oder *Opa ward verköfft*.

Ortsnamen

Un denn kümmst du över Lohms na Ohlers. Im gesprochenen Platt ist es selbstverständlich, dass die Einheimischen den Namen ihres Wohnortes wie auch die Namen der Nachbarortschaften in der plattdeutschen Version benennen.

Ein Vergleich der beiden Namenvarianten zeigt, dass eine direkte Übertragung nur in wenigen Fällen möglich ist *(Kiel, Wedel, Wrist)*. In den meisten Fällen muss die Form vor Ort geprüft werden, gerade auch mit Blick auf die lokale Lautung. So kann die Kennzeichnung *Nord-/Norder-* in plattdeutschen Ortsnamen mit recht unterschiedlichen o-Lauten sowie mit oder ohne Umlaut ausfallen; dem hochdeutschen Bergedorf kann je nach Region plattdeutsches *Bargdorp, Bardörp* oder *Bastrup* entsprechen. Braunschweig lässt sich wiederum regelkonform in *Brunswik* überführen, während *Lüm-* in *Lümborg* mit kurzem Vokal gesprochen wird – ganz im Gegensatz zu Lüneburg. *Oterndörp* hingegen weist im Unterschied zu Otterndorf ein langes *o* auf. Und nur Eingeweihte sind schließlich in der Lage, *Gothenborg* in Agathenburg zu erkennen oder *Beers* in Bederkesa.

Schwierig ist auch der Umgang mit den Namen auf -stedt. In einigen Regionen spricht man das *e* lang, in anderen kurz. Im Elbe-Weser-Dreieck ist zudem das -stedt im Plattdeutschen auf *-s* reduziert. So heißt Tarmstedt *Tarms*, Oxstedt *Ox*, Ahlerstedt *Ohlers*, Lahmstedt *Lohms* und Tostedt *Töst*.

Seit der Jahrtausendwende gibt es Bestrebungen, die plattdeutschen Ortsnamen auch auf den Ortsschildern sichtbar zu machen. Die Gesetze in den Bundesländern sehen hierfür unterschiedliche Verfahren vor. Am weitesten standardisiert ist ein Erlass des Niedersächsischen Verkehrsministeriums, der den Weg zu einer amtlich akzeptierten Schreibung der plattdeutschen Ortsnamen beschreibt.

Der plattdeutsche Name wird jeweils unter dem offiziellen hochdeutschen ausgewiesen. Er ist Ausdruck eines sprachlichen Selbstbewusstseins der Bewohnerinnen und Bewohner und signalisiert deren Wertschätzung gegenüber der herkömmlichen Sprache.

Partizip

Zu den grammatischen Phänomenen, die im Plattdeutschen anders besetzt sind als im Standarddeutschen, zählen die Partizipien.

Grundsätzlich lässt sich zu jedem plattdeutschen Verb ein Partizip Präsens bilden. Dabei verbindet man den Verbstamm mit der Endung *-en*. Diese Bauweise ist nun aber identisch mit der für Infinitive. Entsprechend sind *lopen, eten, sitten* oder *maken* – je nach ihrer Verwendung im Satz – unterschiedlich zu werten: als laufen/laufend, essen/essend, sitzen/sitzend und machen/machend.

Diese Formgleichheit hat zur Folge, dass *lopen, eten, sitten* oder *maken* fast ausschließlich als Infinitive verwendet werden, während das mögliche Partizip Präsens durch eine alternative Konstruktion ersetzt wird. Dabei kann es sich um einen Relativsatz handeln; so erscheint die Aussage »bellende Hunde beißen nicht« im Niederdeutschen als *Hunnen, de blafft, biet nich*. Auch Adjektive können diese Position ausfüllen: So erscheint *glöhnige Ogen* für »glühende Augen«: *He keek mi mit glöhnige Ogen an.*

An wenigen Stellen haben sich Partizip-Präsens-Formen in Redensarten etabliert: *Reisen Lüüd schall een nich ophollen.* Auch in festen Fügungen treten sie auf; so sagt man bei der Beschreibung der Gezeiten zur Ebbe *aflopen Water* und zur Flut *oplopen Water*.

Für das plattdeutsche Partizip Perfekt ist typisch, dass dem Verbstamm keine Vorsilbe vorangestellt wird.

So bilden sich bei den regelmäßigen Verben Wortpaare wie: *maakt* – gemacht, *seggt* – gesagt und *brummt* – gebrummt. Bei den unregelmäßigen zeigen sich solche Reihen: *trocken* – gezogen, *funnen* – gefunden, *lopen* – gelaufen.

Übergänge zum südlich angrenzenden Mitteldeutschen zeigen sich allerdings im ostfälischen Niederdeutsch. Dort ist die Rede von *emaket* oder *esegget*. Und im weiter östlich anschließenden Märkischen hört man *jefunnen* und *jelopen*.

Zumindest in einigen westfälischen Räumen deutet sich an, dass im Partizip Perfekt die *ge*-Vorsilbe auch ins Plattdeutsche Einzug hält.

Plattdeutsch

Alle Bemühungen, die Begriffe *Platt-* und *Niederdeutsch* mit unterschiedlichen Inhalten zu füllen, haben sich nicht durchgesetzt. Heute verwenden wir beide Formen synonym, also gleichbedeutend. Wobei *Platt* und *Plattdeutsch* vornehmlich in der Umgangssprache verankert ist, während *Niederdeutsch* eher als wissenschaftlicher Terminus verwendet wird.

Bevor im 16. Jahrhundert zur Charakterisierung der niederdeutschen Sprache das Wort *platt* eingesetzt wurde, etwa in der Formulierung *in platten duytsche*, war die Bezeichnung *de sassische sprake* üblich gewesen. Damit verband man den Volksstamm der in Sachsen wohnenden Menschen – heute würden wir eher von Niedersachsen sprechen, um einer Verwechslung mit den Sachsen vorzubeugen – und das Territorium zwischen Ems und Eider und Elbe.

Das neue Adjektiv *platt* aber gab und gibt allerlei Deutungen Raum. Viele beziehen *Platt* und *Plattdüütsch* auf die norddeutsche Tiefebene – denn die wäre bekanntlich *platt as en Pannkoken*. Dabei vergisst man leicht, dass zum niederdeutschen Sprachgebiet auch die nördlichen Mittelgebirge zählen, vom Weserbergland bis zum Harz.

In eine zweite Deutung fließt eine Klassifizierung als »schlicht, unterkomplex« ein. Auf diese Weise wird die Sprachform zu einer einfachen, den gesellschaftlichen

Anforderungen kaum gerecht werdenden Ausdrucksweise herabstilisiert.

Tatsächlich aber trägt *platt* hier mit »verständlich« eine Nebenbedeutung, die eine positive Wertung enthält. Demnach ist *Plattdeutsch* mit »das klare, verständliche Deutsch« zu umschreiben.

Verkompliziert wird der Sachverhalt dadurch, dass durchaus Sprachformen, die südlich des niederdeutschen Sprachraums gesprochen werden, als *Platt* bezeichnet werden – in Aachen etwa spracht man kein Niederdeutsch, wohl aber *Öcher Platt*.

Quickborn

Wenn in plattdeutschen Kreisen von *Quickborn* die Rede ist, geht es zumeist nicht um die nordwestlich von Hamburg gelegene Stadt. Schon eher geht es um die 1907 gegründete Zeitschrift für niederdeutsche Sprache und Literatur oder es geht um den 1916 gegründeten Verlag, der ausschließlich plattdeutsche Bücher in seinem Sortiment führt. Zumindest die Zeitschrift und der Verlag führen ihren Namen auf das Lyrikbändchen »Quickborn« zurück – ein Büchlein, das zur Initialzündung für die neue niederdeutsche Literatur wurde.

Auf der Ostsee-Insel Fehmarn hatte der Lehrer Klaus Groth zwischen 1847 und 1853 nach einem Burn-out eine Auszeit genommen. Er hatte viel gelesen und noch mehr nachgedacht. Und er hatte damit begonnen, Gedichte in niederdeutscher Sprache zu schreiben. Was als literarisches Konzept naheliegend scheint, war zumindest für Norddeutschland höchst ungewöhnlich. Der Erfolg sollte nicht lange auf sich warten lassen, mag er für viele Zeitgenossinnen und -genossen auch unerwartet gewesen sein.

Zunächst aber musste Groth einige Mühe aufwenden, um seinen Verleger davon zu überzeugen, dass er nicht mit schnurriger oder derber Belustigung auf den Markt wollte, sondern mit Poesie – in der Sprache des Volkes. Ein volksliedhafter Ton prägt die meisten der Gedichte – kein Wunder, dass es weit über tausend Vertonungen von Quickborngedichten gibt. Es geht um einfache Menschen,

Klaus Groth,
Quickborn.

ihre Sorgen und Freuden, ihre natürliche Umwelt. Historische Orientierungen spielen eine Rolle ebenso wie Kinder, die ungewöhnlich vielschichtig wahrgenommen werden. Vor allem aber ging es Klaus Groth darum, der plattdeutschen Sprache ein Denkmal zu setzen – nicht als Gegenprogramm zum Hochdeutschen, sondern als gleichwertige Ergänzung.

Die Veröffentlichung des »Quickborn« im Jahr 1852 gilt als der Startpunkt für die neue niederdeutsche Literatur. Mit dem Ende der Hansezeit war die niederdeutsche Schriftlichkeit weitgehend zum Erliegen gekommen. Nun kam sie als Literatursprache zurück – nicht zuletzt mithilfe so großartiger Erzähler wie Fritz Reuter und John Brinckman. Sowohl idyllisierende und poetische Züge als auch realistische Darstellungen prägen seither die niederdeutsche Literaturtradition.

Die Gedichtsammlung »Quickborn«, erstmals am 20. November 1852 ausgeliefert, machte Klaus Groth berühmt und verhalf ihm schließlich zum Professorentitel. Doch in schriftstellerischer Hinsicht kam er nie über den »Quickborn« hinaus, was auch darauf zurückzuführen ist, dass er bei jeder Neuauflage einige Gedichte umstellte oder ganz herausnahm, dafür aber andere ergänzte. So fand das wohl bekannteste Stück »Matten Has'«, geschrieben in Kiel, erst mit der 3. Auflage (1854) Eingang in die Sammlung.

Regionalsprache

Seit 1999 hat das Niederdeutsche in Deutschland in politischer und juristischer Hinsicht den Status einer Regionalsprache. Im Artikel 1 der Europäischen Sprachencharta formuliert der Europarat:

»Der Begriff ›Regional- oder Minderheitensprachen‹ ist zu beziehen auf Sprachen, die sich von der (den) Amtssprache(n) eines Staates unterscheiden und weder Dialekte der Amtssprache des Staates noch die Sprachen von Zuwanderern umfasst.«

Mit der Unterzeichnung des Abkommens und die Anmeldung des Niederdeutschen als Regionalsprache hat Deutschland die Eigenständigkeit wie auch die Schutzbedürftigkeit der niederdeutschen Sprache anerkannt.

Diese Sichtweise spiegelt sich bislang in der deutschen Sprachwissenschaft und insbesondere in der Dialektologie kaum wider. Dort hat sich ein konkurrierender Begriff von »Regionalsprache« etabliert, der sich auf regionale umgangssprachliche Ausgleichsformen bezieht.

Im internationalen Kontext werden die folgenden Punkte als Charakteristika von Regionalsprachen genannt:

1. Die Sprache existiert im Sprachgebiet seit langen Zeiten.
2. Regionalsprachen sind mit der Mehrheitssprache nahe verwandt und werden oft als deren Dialekte angesehen.

3. Es gibt eine recht lange Kontaktgeschichte zwischen der Regionalsprache und der Mehrheitssprache.
4. Innerhalb der Regionalsprache existiert eine starke regionale Differenzierung.
5. Der Regionalsprache fehlt ein schriftlicher Standard oder eine Schriftnorm.
6. Es gibt eine reiche Tradition regionalsprachlicher Literatur.
7. Die regionale Identität ist stark ausgeprägt, wobei die Sprache als ein Hauptfaktor dafür gilt.
8. Die Regionalsprache hat ein niedriges Sozialprestige.
9. Verfahren der Sprachplanung sind unterentwickelt.
10. In einigen Fällen haben die Sprecherinnen und Sprecher der Regionalsprache(n) eine Sonderrolle inne wegen ihrer Konfession.
11. Innerhalb der Sprechergruppe gibt es Widerstände gegen eine Klassifizierung als Minderheit.
12. Es herrscht politischer Widerstand gegen die offizielle Anerkennung als Regionalsprache.

Zu den meisten dieser Punkte lassen sich detaillierte Bestandsaufnahmen für das Niederdeutsche vorbringen. Neben dem Niederdeutschen sind in Europa u. a. diese Sprachen als Regionalsprachen geschützt: Nedersaksisch (in den Niederlanden), Asturisch, Katalanisch, Baskisch, Galicisch (in Spanien) und Low-Lands-Schottisch (in Großbritannien).

Schreiben

Snacken köönt wi – man opschrieven? Ik weet ja nich.

Alle Plattsprecherinnen und -sprecher wurden in der Schule mit dem Schreibunterricht konfrontiert. Das Schreiben – und damit auch das Rechtschreiben – wurde allerdings auf einer standarddeutschen Alphabetisierungsgrundlage erlernt, während Begegnungen mit Platt in der Regel in der gesprochenen Sprache stattfanden.

Trotz des Schreibunterrichts erreichte bei der repräsentativen Umfrage zum Niederdeutschen im Jahr 2007 die Einschätzung der eigenen Schreibfertigkeit sehr niedrige Werte. Nur 2 % gaben an, »gut« oder »sehr gut« Platt schreiben zu können, 13 % entschieden sich für »mäßig«. Das Schreiben gehört offenbar nicht zu den Kulturtechniken, die Plattsprecher routiniert und regelmäßig praktizieren.

Auseinandersetzungen um die angemessene Schreibung des Plattdeutschen werden seit dem Aufleben der neuniederdeutschen Literatur um 1850 öffentlich und heftig geführt. Dabei konkurrieren bis heute mehrere Prinzipien miteinander:

- Die einen möchten die Schreibweise möglichst eng an der örtlichen Aussprache ausgerichtet sehen. Abgesehen davon, dass es nicht vollständig gelingen kann, Lautfolgen in ein übliches Buchstabensystem zu überführen, hat dieser Ansatz eine unübersehbare Fülle von Einzelschreibungen mit unterschiedlichsten Verschleifungen zur Folge, mit denen nahezu alle Leserinnen und Leser überfordert wären. Geht man allerdings von einer starken Verbindung zwischen lokaler bzw. regionaler Identität und Niederdeutsch aus, so kommt der Wiedererkennung des »eigenen« Formenapparats gerade auch in der Schriftlichkeit ein hoher Stellenwert zu.

- Andere setzen – auch im Sinne überregional rezipierter Literatur – auf eine Entkopplung der Schreibregularien von lokalen und regionalen Erscheinungen. Gerade weil das Schreiben im Deutschen erlernt wurde, sollte demnach eine weitgehende Orientierung an der deutschen Schreibpraxis erfolgen. Das gilt etwa für die Schreibung mit f oder v *(fangen, fehlen – Vadder, vör)* oder für den Einsatz des Dehnungs-h zur Markierung langer Vokale *(Kehl, Möhl, föhlen; mahlen – malen)*.
- Ein weiterer Ansatz möchte die Eigenständigkeit des Plattdeutschen betont sehen und bevorzugt eine Schreibweise, welche in Opposition zu den standarddeutschen Schreibkonventionen tritt.

Der überregionale Ansatz wurde intensiv von literarisch ausgerichteten Verbänden vorangebracht. Für das Nordniedersächsische genießt der Regelapparat nach Johannes Saß den größten Zuspruch. Für das Ostfriesische wurde eine weitgehend auf Saß basierende Schreibweise entwickelt. Eigene Schreibkonventionen gelten in Westfalen und in Mecklenburg-Vorpommern, wo Renate Herrmann-Winter eine auf den Schreibungen von Fritz Reuter basierende Orthografie entworfen hat.

Noch fehlt es für die plattdeutsche Schriftlichkeit an verbindlichen Standards, die für Medien wie für behördliche Kommunikation gelten und nicht zuletzt Teil des schulischen Bildungsplans sind.

Schule

Die Institution Schule hat seit der Einführung der allgemeinen Schulpflicht in Deutschland keine ehrenvolle Rolle im Umgang mit dem Plattdeutschen eingenommen. Im Sinne einer einseitigen Förderung hochdeutscher Sprachfähigkeiten wurde das Plattdeutsche auf vielfältige Weise bekämpft. Im Unterricht herrschte ohnehin weitgehend Sprachverbot für Platt, aber auch auf vielen Schulhöfen wurde den Kindern die Verwendung ihrer Alltagssprache bei Androhung von Strafe ausgetrieben.

Die Zeiten haben sich geändert. Platt ist für kaum ein Kind noch Alltagssprache, schon in der Elterngeneration sind die Plattkenntnisse beschränkt. In einer Lage, in der die Weitergabe der Sprache über die Familien nicht mehr gesichert ist, erkennen nun die Bundesländer zunehmend ihre Verantwortung gegenüber der Regionalsprache als Kulturgut und Identitätsträger.

Aber auch die Rahmenbedingungen an den Schulen haben sich gewandelt. Platt ist nicht mehr das typische AG-Angebot, das in Stunden nach dem eigentlichen Unterricht häufig ehrenamtlich durchgeführt wird. Es geht nicht mehr um Sprachbegegnungen, als Ziel ist vielmehr der Spracherwerb klar formuliert.

In Hamburg genießt Plattdeutsch in der Grundschule und der Sekundarstufe I den Status eines Wahlpflichtfaches. In Mecklenburg-Vorpommern kann Plattdeutsch ab der 8. Klasse im Rang einer dritten Fremdsprache bis zum

Dag – Tag
beden
doon

Abitur angewählt werden. In Niedersachsen, Schleswig-Holstein und Bremen wurden Profilschulen eingerichtet, in denen Platt ebenfalls auf dem ganz normalen Stundenplan steht.

Organisatorische Hürden gibt es noch an vielen Stellen. Denn solange die Didaktik eines Unterrichtsfaches nicht im Rahmen eines Studiums qualifiziert und qualifizierend studiert werden kann, ist eine Verankerung in den Lehr- und Bildungsplänen nicht gesichert. Fortbildungen, wie sie etwa in Niedersachsen seit 2010 kompetent und erfolgreich durchgeführt werden, können diese Lücke nur ansatzweise schließen.

Noch vor einigen Jahren war das klassische Lesebuch die schriftliche Grundlage für Plattdeutschstunden. Inzwischen wurden in verschiedenen Regionen Lernmaterialien erarbeitet, die sich methodisch und inhaltlich an aktuellen Standards orientieren.

Weil der frühkindliche Zweitspracherwerb möglichst früh einsetzen sollte, führen einige Hundert Kitas und Kindergärten in Norddeutschland Plattdeutsch in ihrem Aufgabenprofil. Spielerisch und alltagstauglich werden kommunikative Fähigkeiten entwickelt, gerade auch in Situationen wie Essen oder Zähneputzen. Und zum Spielen und Singen auf Platt ist auch genug Zeit.

Sing man to

Im September 2005 war es so weit: Das Bremerhavener »Blancke Trio« holte den Weltrekord im Dauersingen. Genauer gesagt: Es ging darum, möglichst viele Strophen eines Liedes zu präsentieren. Schließlich gelangten 253 Strophen von *Herrn Pastor sien Koh* zur Aufführung.

Der Inhalt des Liedes ist einfach erzählt: Die Pastorenkuh ist gestorben und jetzt werden die unterschiedlichsten Teile des Tiers an Personen aus dem Dorf verteilt.

Am wirkungsvollsten lässt sich das Lied in einer größeren Gruppe mit wechselnder Solostimme singen. Der Einführungsvortrag in den ersten drei Strophen gibt den Rahmen vor, der sich dann spontan in unterschiedliche Richtungen weiterentwickeln lässt:

Kennt ji al dat ne'e Leed, ne'e Leed, ne'e Leed,
Wat dat ganze Dörp al weet vun Herrn Pastor sien Koh!

Oostern weer se dick un drall, dick un drall, dick un drall,
Pingsten leeg se doot in'n Stall, Herrn Pastor sien Koh!

As se weer in Stücke sneden, Stücke sneden, Stücke sneden,
Hett dat ganze Dörp wat kregen vun Herrn Pastor sien Koh!

Nach jeder Strophe setzt der Chor mit dem einprägsamen Beitrag ein:

Ja, sing man to, sing man to, sing man to
Vun Herrn Pastor sien Koh, jo, jo,
Sing man to, sing man to
Vun Herrn Pastor sien Koh.

Die Möglichkeit für eine schier unbegrenzte Strophenzahl ist dadurch angelegt, dass als Reim zu dem jeweiligen Körperteil der Kuh ein Beruf, eine Amtsbezeichnung und besonders häufig ein Name eingesetzt wird. So ergibt sich folgendes Muster:

Un de ole Neihkatrin, Neihkatrin, Neihkatrin,
Kreeg den Kopp as Neihmaschin vun Herrn Pastor sien Koh!

Und auf diese Weise werden Reimpaare gebildet wie: *Köster Dümelang – Klockenstrang, Ingelsch-Miss – Tehngebiss, Stadtkapell – Trummelfell, Füerwehr – Wagensmeer.* Überliefert ist das Lied in einer Fülle unterschiedlicher regionaler Sprachausprägungen. Der besondere Reiz liegt darin, auf lokale oder regionale Personen oder Ereignisse anzuspielen. Und wenn der Alkohol die Singstimme lockert, kann die Stimmung auch schon mal überkochen. Dann ist Tacitus' Feststellung *Frisia non cantat* jedenfalls ad absurdum geführt.

Bereits in römischen Quellen ist das Motiv der Verteilung eines Tierkörpers nachgewiesen. Über das Schwein und den Esel ist es schließlich äußerst nachhaltig bei der norddeutschen Kuh angelangt.

Inzwischen ist der Weltrekord aus dem Jahr 2005 längst übertroffen. Das Lied aber bleibt – zum Beispiel lässt das Glockenspiel des Schweriner Rathauses den Anfang der eingängigen Melodie erschallen.

Speeldeel

»Das niederdeutsche Theater ist die Hauptsäule niederdeutscher Kultur« befand im Jahr 2014 die deutsche UNESCO-Kommission, die das niederdeutsche Bühnenspiel in die Liste des immateriellen Kulturerbes aufnahm. Diese Auszeichnung hat in erster Linie symbolischen Wert, weil mit ihr keine finanzielle Förderung verbunden ist; andererseits stärkt diese Anerkennung die zahlreichen plattdeutschen Theatergruppen im Land.

Konkreten Zählungen zufolge gab es zu Beginn des Jahres 2020 rund 3000 plattdeutsche Theatergruppen. Die meisten davon befanden sich westlich einer Linie Lübeck – Bielefeld. Plattdeutsches Theater wird in den Medien – mit Ausnahme der beiden professionellen Bühnen in Hamburg und Schwerin – allenfalls als regionale Erscheinung wahrgenommen.

In der Mehrzahl haben die *Speeldeelen* oder *Speelkoppels* 20 bis 50 Mitglieder. Gut 30 Bühnen sind in den drei Niederdeutschen Bühnenbünden organisiert, andere in den Amateurtheaterverbänden oder regionalen Netzwerken; die Mehrzahl gehört keiner Dachorganisation an.

Den besonderen Reiz macht die spezielle Bühnensituation aus, »angesiedelt in einer Übergangszone zwischen dem Alltagsleben und kulturellen Praktiken«: Mit ihrer Freizeitbeschäftigung zielen die Mitspielenden darauf ab, ihre Nachbarn und Freunde zu unterhalten. Man kennt sich, und so reagiert man nicht allein auf die Rolle, sondern auch auf den Menschen, der diese Rolle einnimmt. Damit hat der soziale Aspekt bei den meisten Gruppen eine größere Bedeutung als die künstlerische Vorstellung an sich.

Das Repertoire besteht zumeist aus einem Stück pro Jahr. Gespielt werden in der Regel Komödien und Schwänke; eine Reihe von Bühnen schreibt ihre Stücke selbst und kann so regionale Bezüge deutlich herausarbeiten. Insgesamt erreichen alle Bühnen zusammen mit ihren Vorstellungen jährlich 5 Millionen Menschen.

Die Zahl der Bühnen war seit den 1960er-Jahren rückläufig. Als Ursachen wurden schwindende Plattdeutschkompetenzen genannt, gewandelte berufliche Bedingungen (flexible Arbeitszeiten, wechselnde Einsatzorte) und ein verändertes Freizeitverhalten. Jüngere Rollen ließen sich so oft nur mit Mühe besetzen.

Seit Beginn des 21. Jahrhunderts hat sich ein Teil der Bühnen auf eine gezielte Nachwuchssuche begeben. Dabei hilft auch das gestiegene Ansehen des Plattdeutschen. Mittlerweile gibt es eine ganze Reihe von Jugendgruppen, deren Mitglieder über Sprachpatinnen und -paten und über die Freude am Rollenspiel an die plattdeutsche Sprache und das plattdeutsche Theater herangeführt werden.

Sprachinseln

»Aus Groottaunte Jreeta nom tweeden Kjrich no Kanada kaum, räatjend wie mett eenem Huptje Onnjletj, daut wie ahr – wäaweet, fleicht aul Morje – too Grauf droage wudde. ›See ess seea oolt enn jebräatjlich‹, säd Taunte Auna, ›enn ahr schmatjt meist goanuscht meea. Butadem haft see soo fäl emm Kjrich erläwt, daut see goanich meea läwe well!‹

Die Ereignisse, die der Germanist und Schriftsteller Jack Thiessen hier aus dem kanadischen Manitoba berichtet, sind in Plautdietsch verfasst, einer Sprachform, deren Trägerinnen und Träger zumindest bis ins erste Drittel des 20. Jahrhunderts durchgehend der christlichen Glaubensgemeinschaft der Mennoniten angehörten.

Kennzeichnend für Plautdietsch ist, dass diese niederdeutsche Varietät in vielen Teilen der Welt anzutreffen ist, obwohl sie im heutigen Deutschland keine regionale Zuordnung mehr findet. Sprachgeografisch gehört Plautdietsch nämlich ins Weichselmündungsgebiet. Von hier aus nahm die Gruppe ihre Sprache ab 1789 mit ins Schwarzmeergebiet, wo sich die Kolonien Chortitza und Molotschna mit ihren voneinander abweichenden Varietäten zum Ausgangspunkt für weitere Besiedlungen entwickelten, zunächst nach Sibirien, Kasachstan und Kirgisien, später nach Nord-, Mittel- und Südamerika.

Aussiedler aus Pommern, Holstein, Westfalen und Ostfriesland brachten Plattdeutsch im 19. Jahrhundert in die USA, wo sie vornehmlich in den Staaten des Mittleren Westens siedelten; so beherbergt Iowa die größte Gruppe von Ostfriesischsprecherinnen und -sprechern. In entlegenen landwirtschaftlichen Siedlungen konnte sich ihre Alltagssprache über Generationen erhalten. Mittlerweile haben sich diese Gruppen sprachlich weitgehend an das umgebende amerikanische Englisch assimiliert. Der Schulbesuch spielt dabei ebenso eine Rolle wie soziale Mobilität und die Medien.

In den 1950er-Jahren unterhielt der »Plattdütsche Kring Bremen« regelmäßige Kontakte zu »Plattdeutschen Gruppen« in New York. Recherchen während eines Besuchs dienten Heinrich Schmidt-Barrien als Grundlage für seine Novelle *De Spaaßmaker*. Krüschan Holschen veröffentlichte einen Reisebericht *Mit den groten Brummvagel in Unkel Sam sien Land* und widmete ihn *use plattdüütschen Frünnen in Amerika*.

Die letzten Besuche von Mitgliedern der American/Schleswig-Holstein Heritage Society zeigten, dass zu Beginn des 21. Jahrhunderts nur noch vereinzelte ältere Personen über rudimentäre Plattkenntnisse verfügten.

Zum Leseverständnis: »Als Großtante Greta nach dem zweiten Krieg nach Kanada kam, rechneten wir mit einem Häufchen Unglück, dass wir sie – wer weiß, vielleicht schon morgen – zu Grabe tragen würden. ›Sie ist sehr alt und gebrechlich‹, sagte Tante Anna, ›und ihr schmeckt fast gar nichts mehr. Außerdem hat sie so viel im Krieg erlebt, dass sie gar nicht mehr leben will!‹«

Sprecherinnen und Sprecher des Plattdeutschen

Ik snack Platt – rund 2,5 Millionen Menschen in Deutschland sprechen aktuell »gut« oder »sehr gut« Plattdeutsch. Das ist das Ergebnis einer repräsentativen Umfrage, die das Institut für niederdeutsche Sprache in Jahr 2016 gemeinsam mit dem Leibniz-Institut für Deutsche Sprache im gesamten plattdeutschen Sprachgebiet durchführte.

Erstaunlich ist an diesem Befund, dass die Zahlen offenbar stabil sind. Seit der Befragung aus dem Jahr 2007 konnte kein weiterer Rückgang verzeichnet werden. Deutliche Unterschiede zeigt hingegen ein Vergleich der Daten von 2007 mit denen von 1984: In einer Generation hatten sich die Werte halbiert.

Gründe für die zunehmende Bedrohung des Plattdeutschen sind vielfältig. Eine wichtige Rolle spielen die gesellschaftliche Funktion und das Prestige. In den späten 1950er- und 1960er-Jahren hatte in vielen Familien ein Umbruch stattgefunden. Während mit einem älteren Kind Plattdeutsch gesprochen wurde, wechselten die Eltern bei einem jüngeren Kind zum Standarddeutschen. Die gesellschaftliche Mobilität sollte durch die Beherrschung der Standardsprache gesichert werden.

Mit Blick auf die Sprecherinnen und Sprecher zeigen die aktuellen Daten drei Trends:

- In kleineren Gemeinden sprechen mehr Menschen Platt als in den Städten. Allerdings steigt gerade in den Städten das Ansehen der Sprache: Hier stehen Volkshochschulkurse auf dem Programm, es gibt plattdeutsche After-Work-Meetings und Namen wie *Dat Backhus* für eine Bäckereikette oder *Wedderbruuk* für einen Secondhandladen sind in.
- Mehr Plattsprecherinnen und -sprecher wohnen im Norden bzw. an den Küsten als im Binnenland. Während sprachliche Aktivierungen, etwa über Kitas und Schulen, in den nördlichen Regionen recht erfolgreich sind, finden sie in Nordrhein-Westfalen, Sachsen-Anhalt und Brandenburg, aber auch im südlichen Niedersachsen nur geringen Widerhall.
- Die größte Bedrohung für das Plattdeutsche lässt sich an einem deutlichen Altersgefälle ablesen. Während bei den über 80-Jährigen mehr als die Hälfte »gut« oder »sehr gut« Platt sprechen, liegt der Wert bei den unter 50-Jährigen bei weniger als 10 %.

Beim Verstehen werden etwa die zweieinhalbfachen Werte erzielt. Erfahrungsgemäß ist es aber ein weiter Weg vom Verstehen zum Sprechen.

Störtebeker

Störtebeker begegnet uns heute vor allem als Kultbier oder als Bartschneideaccessoire. Mit dem Namen verdichten sich Welten aus Freiheitsdrang, Seefahrt, Piratentum und der Einsatz für die kleinen Leute. Und während Störtebeker als historische Figur längst verblasst und zu einer legendären Gestalt geworden ist, ranken sich alte und neue Geschichten um einen Freibeuter, dessen Namen ihn als trinkfesten Kumpan ausweist. Denn *Störtebeker* heißt nichts anderes als Stürzebecher oder Stürz-den-Becher.

Unstrittig ist, dass um das Jahr 1400 entlang der deutschen Ost- und Nordseeküsten im Alltag ausschließlich Niederdeutsch gesprochen wurde. Die Piraten um Klaus Störtebeker waren als *Vitalienbrüder* bekannt. Wahrscheinlich stammt diese Bezeichnung von *Viktualien* ab, einem Wort, das »Lebensmittel« bezeichnete – in München kennt man bis heute den Viktualienmarkt.

Charakteristischer für die Freibeuter, die der Hanse herbe Verluste einbrachten, ist aber die seit 1398 belegte Bezeichnung *Likedeeler*. Das niederdeutsche Wort für »Gleichteiler« verweist darauf, dass die Beute unter den Seeräubern gleich aufgeteilt wurde – ein Gedanke, der der ständischen Gesellschaft des Mittelalters fremd war. Als Kapitän konnte *Störtebeker* sicherlich darauf bauen, dass die *Likedeeler* fest zusammenhielten.

Um 1398 waren die Vitalienbrüder von der Ostsee in die Nordsee vertrieben worden, im Jahr 1401 wurden sie bei Helgoland schließlich von einem Hamburger Flottenverband besiegt. Noch im selben Jahr wurde Störtebeker mit 72 seiner Gefolgsleute enthauptet. Genau hier aber setzen abermals die Legenden an: Danach hatte der Hamburger Bürgermeister Störtebeker versprochen, dass all diejenigen Männer begnadigt würden, an denen er nach seiner Enthauptung noch vorübergehen würde. Nachdem er elf Männer passiert hatte, wurde er zu Fall gebracht. Genützt hat es den Piraten nichts – sie wurden ausnahmslos geköpft.

In niederdeutscher Sprache liegt nur die erste Strophe des vielfach gesungenen Störtebeker-Liedes vor:

> Stortebeker vnd Gode Michel,
> Störtebeker und Goedeke Michel,
>
> de roveden beide tho gliken deel
> die raubten beide zu gleichem Teil
>
> tho water vnd ok tho lande,
> zu Wasser und auch zu Lande,
>
> so lang, dat idt gott van hemmel verdroth,
> so lange, dass es Gott im Himmel verdross,
>
> do mosten se liden grote schande.
> da mussten sie große Schande erleiden.

In den Köpfen der Menschen und in der Tradition lebt Störtebeker bis heute: *Störtebeker*-Festspiele erreichten über viele Jahre auf den Freilichtbühnen in Ralswiek auf

Rügen und im ostfriesischen Marienhafe Zigtausende von Zuschauern. In Verden verteilt die Stadt drei Wochen vor Ostern vor dem Rathaus die *Störtebeker*-Spende: Vier Fässer Heringe und 530 Brote werden an die Bürgerinnen und Bürger ausgegeben.

Klaus Störtebeker ist ein guter Beweis dafür, dass die Plattsprecherinnen und -sprecher gar nicht so wortkarg sind, wie man gerne von ihnen behauptet – entscheidend ist, dass die Geschichte es wert ist, erzählt zu werden.

Suup di duun … un freet di dick, un hool dien Muul vun Politik

Diesem Ratschlag sind die Plattsprecherinnen und -sprecher über Jahrhunderte gefolgt: »Saufe dich voll und friss dich dick und halte dein Maul von Politik.« Oder weniger derb ausgedrückt: »Genieße das Trinken und Essen im Übermaß und sprich nicht über Politik.« Diese Aussage spiegelt nicht gerade die Haltung mündiger Demokratinnen und Demokraten.

Was hier als Ratschlag an einen Einzelnen im Sinne der Konfliktvermeidung ausgesprochen wird, darf getrost auf den Umgang mit der plattdeutschen Sprache übertragen werden. Die Sprache selbst wird traditionell ausschließlich der Privatsphäre zugeordnet – ganz im Gegensatz zur Standardsprache, deren Normen selbstverständlich über die staatlichen Bildungseinrichtungen vermittelt werden.

Die Sprecherinnen und Sprecher des Plattdeutschen haben sich politisch nie als Minderheit gesehen. Sie bilden also – im Unterschied zu Friesen oder Sorben – keine

Minderheit in Deutschland. Ihre ethnische Zugehörigkeit machen die Menschen, die Platt sprechen, nicht an ihrer Sprache fest. Die plattdeutsche Bewegung hat zu keiner Zeit separatistische Züge angenommen.

In den 1990er-Jahren stellten sich mit der Diskussion der Europäischen Sprachencharta erste Verschiebungen ein. Beim schleswig-holsteinischen Landtag gründete sich ein Beirat Niederdeutsch. Inzwischen haben sich in mehreren Bundesländern Foren etabliert, in denen die Plattsprecher ihre Anliegen auf Augenhöhe mit der staatlichen Verwaltung und der Politik vortragen können.

Die Plattsprecher organisierten sich erstmals 2002 unter dem Dach des »Bund Heimat und Umwelt« zu einem Bundesrat für Niederdeutsch. Dieser vertritt die Plattsprecherinnen und -sprecher gegenüber den zuständigen Stellen beim Bund (vor allem beim Bundesministerium des Innern sowie bei der Beauftragten der Bundesregierung für Kultur und Medien) und beim Europarat. 2017 wurde ein koordinierendes Niederdeutsch-Sekretariat eingeführt.

Seit 1992 genießt Niederdeutsch in Mecklenburg-Vorpommern Verfassungsrang (Art. 16, 2); 1998 übernahm Schleswig-Holstein die entsprechende Formulierung (Art. 13, 3). Wobei erstaunlich ist, dass hier nicht die Sprache selbst oder deren Sprecherinnen und Sprecher unter Schutz gestellt werden, sondern die Pflege der Sprache: »Das Land schützt und fördert die Pflege der niederdeutschen Sprache.«

Tee mit Kluntje und Wulkje – Plattlandschaften

Eine erste grobe Einteilung des gesamten niederdeutschen Sprachgebiets trennt zwischen West- und Ostniederdeutsch. Die Grenze verläuft von Lübeck aus in etwa in südlicher Richtung. Im Westen finden sich die bereits von den Altsachsen besiedelte Räume (mit Ausnahme von Ostfriesland und Schleswig), während sich Plattdeutsch im östlichen Teil erst ab dem 12. Jahrhundert durch Besiedlungen ausbreitete.

Das Nordniedersächsische gilt vielfach als das »Kernniederdeutsche«. Es erstreckt sich über Holstein und den nördlichen Teil Niedersachsens, Bremen und Hamburg einschließend.

Im äußersten Nordwesten Niedersachsens liegt Ostfriesland, wo man keineswegs Friesisch spricht, sondern Plattdeutsch. Erst um 1400 wurde Niederdeutsch hier zur allgemeinen Umgangssprache. Wie für das Schleswigsche Platt gilt auch hier bei der Flexion der Verben im Präsens der Einheitsplural auf *-en*. Als einzige Plattregion kennt man in Ostfriesland die nordseegermanischen Singularformen *hör* für »ihr« und *hum/hüm* für »ihm/ihn«. Und schließlich fällt das Verkleinerungssuffix *-tje* auf: Hier trinkt man Tee mit *Kluntje* und *Wulkje*.

Das Westfälische hat, wie auch das Ostfriesische, an einigen Stellen für »sch« das alte *sk* bewahrt – es heißt also nicht *Disch* und *Fisch*, sondern *Disk* und *Fisk*. Auffällig sind zudem die kurzen Brechungsdiphthonge, die aus Kurzvokalen in offener Silbe entstanden sind: *ie* (aus *i*), *ea* (aus *e*), *oa* (aus *o*), *öa* (aus *ö*), *ua* (aus *u*) und *üe* (aus *ü*) – hier heißt es für den Bach eben nicht *Beek* oder *Beeke*, sondern *Bieke*.

Das Ostfälische fällt durch die Nicht-Nominativ-Formen für *ik* und *du* auf. Nur hier lauten »mich/mir« und »dich/dir« *mik* und *dik* bzw. *mek* und *dek*. Außerdem zeigt sich hier als Präfix des Partizip Perfekt ein *e-* wie in *emaket* für »gemacht«.

Die mecklenburgische Diphthongierung betrifft die langen niederdeutschen *o* und *e* wie in *Book* und *he* – hier sagt man *Bauk* und *hei*. Außerdem fällt die häufige Nutzung des Diminutivs auf *-ing* besonders ins Auge.

Das Märkische wird im nördlichen Teil Sachsen-Anhalts und Brandenburgs gesprochen. Der Wortschatz enthält verhältnismäßig viele Entlehnungen aus dem südlich angrenzenden Mitteldeutschen.

Ufer statt Gestade

Fracht, Kran, Lotse, Luke, Stapel, Ware – diese und andere Wörter aus der Fachsprache der See- und Kaufleute hat das Standarddeutsche aus dem Niederdeutschen übernommen. Diese Wörter sind heute weitgehend unauffällig – nur wer genau hinsieht, bemerkt die niederdeutsche Lautkombination *-cht*, die wir aus *sacht, echt* oder *Schacht* kennen; und auch in der Verbindung *-ts-* ist ein entsprechendes Zeichen zu sehen.

Wenn zwei Sprachen wie Standard- und Niederdeutsch über Jahrhunderte in einem intensiven Kontakt zueinander stehen, kann es nicht ausbleiben, dass es zu einem wechselseitigen Austausch kommt. Im konkreten Fall waren die Einflüsse des prestigestarken Hochdeutsch auf das Niederdeutsche zweifellos stärker als umgekehrt.

Als untrügliches Zeichen für die niederdeutsche Herkunft eines Wortes kann das Auftreten der stimmhaften Doppelvokale *-bb-*, *-dd-* und *-gg-* gewertet werden wie in *brabbeln, Ebbe, knabbern, Krabbe, schrubben, wabbeln; buddeln, Kladde, Paddel, schnodderig; Egge, Flagge, flügge, Kogge, schmuggeln*.

Auch unverschobene, also von der zweiten Lautverschiebung unberührte Laute verweisen auf die niederdeutsche Herkunft eines Wortes. Das gilt für *humpeln, Klippe, knapp, Pranger, pökeln, Pumpe; platt, Talg, Torf; Block, Laken, spuken*.

Luther hat mit seiner Bibelübersetzung der Fortentwicklung der deutschen Sprache entscheidende Impulse gegeben. Dabei war sein hochdeutscher Wortschatz deutlich norddeutsch geprägt, für süddeutsche Leser mussten solche Wörter daher erklärt oder ersetzt werden. Das gilt für *fett, harren, Hügel, Stufe, Ufer* und *warten*. Viele andere Wörter aber wurden direkt in den deutschen Standard übernommen wie *beben* (statt bidmen), *bunt* (statt gesprenkelt), *Lippe* (statt Lefze), *krank* (statt siech) oder *mieten* (statt dingen).

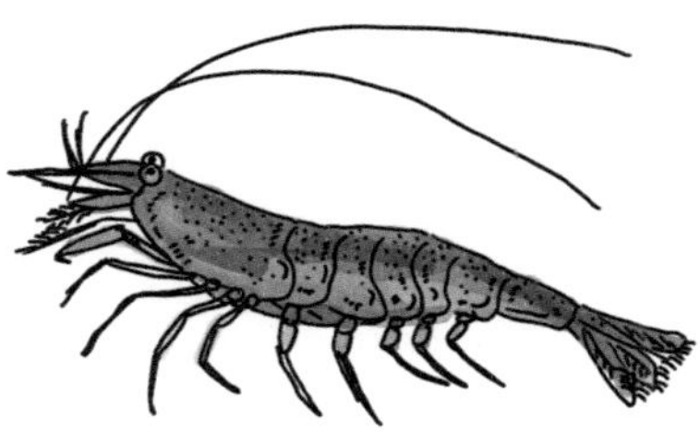

Von Dorf zu Dorf ein wenig anders

De Scheer liggt up de Eer – heißt es in Ebersdorf. *De Schier liggt up de Ier* – sagt man in Alfstedt. *De Scheier liggt up de Eier* – hört man in Hollnseth. Innerhalb weniger Kilometer weist auf der Stader Geest die Aussprache des Plattdeutschen markante Unterschiede auf.

Lautgrenzen auf engstem Raum sind typisch für die starke regionale Differenzierung des Plattdeutschen. Auf diese Weise sind die Plattsprecherinnen und -sprecher in der Lage, das Eigene zu erkennen und gleichzeitig an dem unmittelbaren Nachbarn und der Nachbarin das Fremde festzustellen. Ein- und Ausgrenzungen dieser Art sind Grundlagen für sprachliche regionale Identitäten.

Im Plattdeutschen sind die vielen Dialekte erhalten geblieben, weil in der gesprochenen Sprache keinerlei Standardisierungen stattgefunden haben. Das gilt für Laute, für grammatische Phänomene, für den Wortschatz wie auch für den Gebrauch von Wendungen und Redensarten.

Einflüsse aus den westlich angrenzenden Niederlanden zeigt sich in der Verbreitung von *vundaag* für »heute«. Die Grenze verläuft von Kiel über Hamburg nach Süden. Östlich dieser Linie ist *hüüt* die gebräuchliche Form.

Ebenfalls westlichen Einfluss zeigt *us* für »uns«, das uns in der Form ohne *n* aus dem Englischen vertraut ist. Das niederdeutsche *us* reicht in Hamburg bis zur Elbe, bleibt aber ansonsten in einem Abstand von 30 bis 50 km westlich dieses Flusses. Ostfriesland, die Niederelbe sowie der gesamte Norden und Osten kennen hingegen *uns*.

Deern bzw. *Diern* sind die bekanntesten und am weitesten verbreiteten plattdeutschen Formen für »Mädchen«. Im westlichen Ostfriesland und entlang der niederländischen Grenze bis ins Westmünsterland heißt es *Wicht*, im Ravensbergischen und Lippischen sagt man *Luit* oder *Lüüt* und im Märkischen und Vorpommerschen hat sich *Mäken* bzw. *Mäke* durchgesetzt.

Ob die Menschen nun *snacken, praten, proten, küren, reden* oder *spreken* – es ist die Vielfalt, die den besonderen Reiz des Plattdeutschen ausmacht.

Wat de Buer nich kennt, dat fritt he nich

Dass der alteingesessene Landmann (und die Landfrau übrigens auch) an seinen/ihren Essgewohnheiten festhält, ist bekannt. Aber auch auf andere Lebensbereiche lässt sich diese Aussage übertragen: Bei der Wahl des Urlaubsortes oder der Farbe des Mantels greifen wir gern auf Vertrautes zurück und nur eine Minderheit wagt sich an Unbekanntes und Ungewohntes.

Es stellt sich aber auch die Frage: *Ja, wat fritt he denn, de Buer?* In der traditionellen Küche Norddeutschlands finden sich insbesondere Suppen (*Bottermelksopp mit Bookwetenklümp* oder auch *Tüften un Plummen*), Mehlspeisen (allerhand *Klümp* und *Klüten*) und Kartoffeln (von *Braatkantüffeln* bis *Pellkantüffeln*). An der Küste und an den Flüssen kennt man schmackhafte Fischgerichte (von *grönen Heern* bis zur *Maischull mit Speckstippels*).

Das Alte Land ist weithin für seinen Obstanbau bekannt, im Nienburger Land bestimmt der Spargelanbau die Felder und Europas größtes geschlossenes Anbaugebiet für Kopfkohl befindet sich im schleswig-holsteinischen Dithmarschen. Seit genau einem Jahrhundert werden hier vor allem Weiß- und Rotkohl, aber auch Spitz- sowie

Rosenkohl und Wirsing angebaut. Die jährliche Ernte besteht aus 60 Millionen Köpfen. Hier wird Kohl in allen Variationen zelebriert – ob als Sauerkraut, in der Pfanne gebraten oder im Eintopf.

Gröönkohl – in einigen Gegenden Niedersachsens und in Bremen spricht man vom *Bruunkohl* – steht ab November auf allen Speisezetteln. Dabei variiert die Zubereitung von Region zu Region ebenso wie die Beilagen. Gesetzt sind *Kassler* und *rökerten Speck*, wahlweise ergänzt durch *Kaakwust, Göttwust* oder *Pinkel*.

Mehlbüdel kennt man überall in Schleswig-Holstein – der im Topf gegarte Mehlkloß wird als süße Vor- oder Nachspeise, als gewürzte Hauptspeise oder als salzige Beilage angeboten.

Beren, Bohnen un Speck ist ein saisonales Gericht, das aufgrund der frischen Zutaten in die Monate August und September passt. Kochbirnen, grüne Bohnen und geräucherter Bauchspeck werden als Eintopf zubereitet. Zusätzlich können gern auch Kartoffeln gereicht werden.

Snuten un Poten, dat is en fein Gericht – schwärmte ein Hamburger Couplet schon vor dem Ersten Weltkrieg. Gepökelte Teile vom Schwein, für die der Name des Gerichts Schnauzen und Pfoten nennt, werden mit Gewürzen gekocht und anschließend mit Sauerkraut aufgekocht. Dazu reicht man gern Erbsenpüree und scharfen Senf.

Matjes ist ein in einer Salzlake eingelegter Hering, der kurz vor der Geschlechtsreife, also von Ende Mai bis Anfang Juni, gefangen wurde. An der Nordseeküste bevorzugt man dazu *Pellkantüffeln un Snied-* oder *Snippelbohnen in Speckschü un Zippeln*.

Labskaus fällt zunächst durch seine breiige Konsistenz und rötliche Farbe auf. Kartoffeln werden mit Rindfleisch (Corned Beef), Zwiebeln und Rote Bete vermengt. Diese Masse wird gern durch ein Spiegelei bedeckt; dazu werden Rollmops oder Matjes gereicht.

Rode Grütt – Rote Grütze – ist für viele das Nonplusultra der norddeutschen und skandinavischen Süßspeisenzubereitung: Johannisbeeren und Himbeeren, oft angereichert durch weitere Garten- und Waldfrüchte, werden zu einer Grütze verkocht.

Und immer gilt: *Laat di dat smecken!*

Xanthipp und Hölten Hinnerk

Plattdeutsch wird gern in Verbindung gebracht mit Wertungen wie »gemütlich« und »derb«. Auch hört man des Öfteren, jeder Kraftausdruck habe einen freundlich-verbindlichen Beiklang. Und überhaupt: *Lögen op Platt, dat geiht gor nich.*

Derartige ideologische Schönfärbereien haben mit der sprachlichen Wirklichkeit herzlich wenig gemein. Denn in jeder intakten Sprache lässt sich ein äußerst breites Gefühlsspektrum ausdrücken. Und gerade das Plattdeutsche verfügt über ausgebaute Batterien von Beschimpfungen und Beleidigungen, die je nach dem angestrebten Zweck wohldosiert eingesetzt werden können.

Allein für »Halte deinen Mund« bieten sich diese Formulierungen an: *Holl dien Babbel, Boort, Brabbel, Bütt, Freet, Hals, Jipp, Keek, Mund, Muul, Rand, Sabbel, Snavel, Snurren, Snutenwark, Snüter, Snuut* oder *Swiegstill*. Vielleicht reicht auch ein einfaches *Segg nix na!* Oder: *Swieg still!*

Oft verstärken Vornamen, die mit einem Adjektiv oder Verb verkoppelt werden, die Aussage wie in *Dibberklaas, Dröhnklaas, Tüünklaas, Hölten Hinnerk, Slarpenhinnerk,*

Tüün-
büdel!

Tütenhinnerk, Kniespeter, Nusselpeter, Smuddelpeter. Weibliche Namen verweisen mehrheitlich auf die Eigenschaften »weinerlich« und »geschwätzig«: *Blarrtrien, Hucheltrien, Sabbeltrien*. Eine zänkische Frau ist *en Dragoner, Düvelswief, Gewidderhex, Huusdüvel, Pastuur, Rasmus* oder *Xanthipp*.

Die Mehrzahl der mit dem Grundwort *-büdel* gebildeten Formen kann zur Bezeichnung männlicher und weiblicher Personen herangezogen werden: *Blabberbüdel, Dröömbüdel, Tüünbüdel.* Viele können nach dem Vorbild des *Schietbüdel* auch freundliche Zuneigung ausdrücken, sowohl unter Liebenden als auch gegenüber kleinen Kindern: *Klöönbüdel, Snackbüdel, Tüdelbüdel.*

Die regionale Vielfalt ist beachtlich. Sie hat einen ostfriesischen Verleger dazu veranlasst, eine Reihe mit landschaftlichen Schimpfwörterbüchern aufzulegen. Doch Vorsicht, der treffsichere Gebrauch von Schimpfwörtern setzt einen hohen Grad an Sprachkompetenz voraus. Ist der nicht gegeben, können sich rasch Zwist und Handgreiflichkeiten einstellen.

Zweisprachigkeit

Die über 400-jährige Kontaktgeschichte von Niederdeutsch und Hochdeutsch in Norddeutschland hat in beiden Sprachen ihre Spuren hinterlassen. Sie hat aber auch auf die Art des Neben- und Miteinanders eingewirkt, sie hat zu funktionalen Verteilungen geführt und nicht zuletzt zu sozialen Bewertungen.

Stichwortartig lässt sich der Kontakt in diese Chronologie bringen:

- Ab 1550/1600 verdrängt Hochdeutsch das Niederdeutsche zunehmend in der Schriftlichkeit. Damit geht ein deutlicher Ansehensverlust des Niederdeutschen einher. Wer Zugang zum Hochdeutschen findet, übernimmt es als gesprochene Sprache. In der Folge nimmt Platt um 1700 eine sozial markierte Position ein. Im 18. Jahrhundert und verstärkt in der Romantik erfährt Niederdeutsch eine Umwertung, indem es in gelehrten Kreisen als eine historisch bedeutsame Grundlage für die deutsche Sprache angesehen wird – was aber wenig an der klaren sozialen Zuordnung ändert.
- Um 1850 entsteht die neue plattdeutsche Literatur und mit ihr eine im Gebrauch eingeschränkte neue Schriftlichkeit. Mit der Einführung der allgemeinen Schulpflicht gerät auch die niederdeutsche Mündlichkeit in den Fokus. Für viele bilden sich Funktionstrennungen aus, von denen sich die meisten auf die Opposition privat – öffentlich reduzieren lassen.

- Bildungsstreben, soziale und räumliche Mobilität, mediale und weitere Einflüsse tragen dazu bei, dass Plattdeutsch ab Mitte der 1950er-Jahre seinen Status als mündliche Familiensprache zunehmend einbüßt. Dieser Prozess ist um das Jahr 2000 weitgehend abgeschlossen. Niederdeutsch wird nur in wenigen Ausnahmefällen innerhalb der Familien weitergegeben. Alle können Hochdeutsch. Aufgrund sprachlicher Verlusterfahrungen innerhalb der eigenen Familie bei gleichzeitiger Kritik an wirtschaftlichen und kulturellen Globalisierungen steigt zur selben Zeit das Ansehen des Niederdeutschen.

Platt hat sich als eine vitale Sprache erwiesen. Nach der UNESCO gilt eine Sprache als bedroht, wenn deren Weitergabe an die jüngste Generation unter 30 Prozent liegt. Diesen Wert verfehlt Niederdeutsch bei Weitem.

Impressum

 D C B A
Bibliographisches Institut GmbH, Mecklenburgische Straße 53, 14197 Berlin

Texte Dr. Reinhard Goltz
Redaktion Dr. Kathrin Kunkel-Razum
Illustrationen Carina Crenshaw

Herstellung Saskia Meisenbach
Layout und Satz Dirk Brauns, estra.de, Berlin
Umschlaggestaltung und -abbildung: Tom Leifer Design, Hamburg
Druck und Bindung Firmengruppe APPL
Senefelderstraße 3–11, 86650 Wemding
Printed in Germany

ISBN 978-3-411-75673-5
www.duden.de

PEFC
PEFC/04-31-2260

PEFC zertifiziert
Dieses Produkt stammt aus nachhaltig bewirtschafteten Wäldern und kontrollierten Quellen.

www.pefc.de